中国财经出版传媒集团
中国财政经济出版社
·北京·

『博物馆里的十二生肖』系列丛书

飛龍在天

中国铜镜史上龙纹形象的三次转变

霍宏伟　著

图书在版编目（CIP）数据

飞龙在天：中国铜镜史上龙纹形象的三次转变 / 霍宏伟著. -- 北京：中国财政经济出版社，2025.1

（“博物馆里的十二生肖”系列丛书）

ISBN 978-7-5223-3207-9

Ⅰ.①飞… Ⅱ.①霍… Ⅲ.①古镜—铜器（考古）—研究—中国 Ⅳ.①K875.24

中国国家版本馆CIP数据核字（2024）第111646号

责任编辑：孙　琛　　责任校对：胡永立
封面设计：孙凤群　　责任印制：史大鹏

飞龙在天：中国铜镜史上龙纹形象的三次转变
FEILONG ZAITIAN：ZHONGGUO TONGJINGSHISHANG LONGWEN
XINGXIANG DE SANCI ZHUANBIAN

中国财政经济出版社 出版
URL：http：//www. cfeph. cn
E-mail：cfeph@ cfeph. cn

社址：北京市海淀区阜成路甲28号　邮政编码：100142
营销中心电话：010-88191522
天猫网店：中国财政经济出版社旗舰店
网址：https：//zgczjjcbs. tmall. com
中煤（北京）印务有限公司印刷　各地新华书店经销
成品尺寸：170mm × 210mm　16开　20.5印张　254 000字
2025年1月第1版　2025年1月北京第1次印刷
定价：89.00元
ISBN 978-7-5223-3207-9
（图书出现印装问题，本社负责调换，电话：010-88190548）
本社图书质量投诉电话：010-88190744
打击盗版举报热线：010-88191661　QQ：2242791300

“博物馆里的十二生肖”系列丛书 总序

生肖文化是中华优秀传统文化的重要组成部分。对于中华民族来说，生肖是中华民俗文化中最具特色和代表性的部分；对于普通人来说，生肖是伴随自己一生，甚至带有几分神秘色彩和寓意的生命符号之一。

无论是“生肖”，还是其别称“属相”，都很精妙——“相”是面相，“属相”即面相何属。“生”，除却生长、长出、产生、生育、继承等诸义，还可取天赋、天性、资质、本性之类意义。“肖”，即类似、相似。简言之，“生肖”是说：天生就像某种动物，如中国著名人类学家林惠祥的解释：“‘生肖’即由出生而类似某种动物的意思，在某一年出生的，便肖某一种动物。”

围绕着十二生肖，如“天马行空”“鸡日迎春”等等充满想象的有趣故事由此衍生，并发展出许多同人生密切相关的民俗文化现象。现代人为讨口彩，所创造的“马上封猴（侯）”等吉祥语，给生肖赋予了更为丰富、深刻而又新鲜的文化内涵，拓展了它作为一种特定文化符号的外延，甚至可以折射出现代人的信念与处世观。

除此之外，生肖文化的盛行还生动地折射出人类与动物关系的演变。“博物馆里的十二生肖”系列丛书，联动各地博物馆专家、学者进行“动物考古”，探寻古代人类行为与社会环境特别是动物的关联，带你从青铜器、玉器、瓷器、首饰、古画等文物中寻找龙、马、猴、狗等生肖的踪迹，并为你寻找自己属相所代表动物“在中国历史长河中的身影”。

希望本套丛书，在生物学、生态学、人类学、考古学等学科的滋养下，还原出人与动物和谐同存的图景以及中华文明的演进历史。同时，带你穿越回到一种想象的空间，想象在几千年前动物们是如何在中华大地上与人类共同生活栖息并对人类产生影响的。

“博物馆里的十二生肖”系列丛书，期待与你及你的属相，书中相逢!

引言

《论语·述而》："子曰：'加我数年，五十以学《易》，可以无大过矣。'"[1]

作为"群经之首"，《周易》凝聚了中国古代先贤的智慧，是我最喜欢阅读的一部书。从青年读到中年，并将从中年学到老年，《周易》是伴随我一生的经典。本书主题只有一条"龙"，我以《易·乾》中的"飞龙""跃龙""见龙"，分别作为三卷之名，将其串联起来，形成一个有机整体。谨以《飞龙在天：中国铜镜史上龙纹形象的三次转变》作为本书书名。

全书主要内容分为三卷，卷一《飞龙》包括五篇文章，是我于2021年至2024年五次受邀做学术讲座、课程内容的辑录。第一篇《飞龙在天：中国铜镜史上龙纹形象的三次转变》，文中提出龙纹是中国古代最为重要的动物纹饰之一，在历经两千余年的岁月中，铜镜上的龙纹形象有三次转折：一是战国晚期至西汉，二是隋末唐初至盛唐，三是晚唐五代至北宋，每个时期呈现出不同特点。因为在某些时期与帝王密切相关，所以有着非同寻常的政治含义。

第二篇《镜中之王：淄博西汉齐王墓器物坑龙纹大方镜品

1 杨树达：《论语疏证》卷七《述而》，上海古籍出版社，1986年，第167页。

读》，是以淄博西汉齐王墓器物坑龙纹大方镜作为研究对象，通过对其五个基本要素的深入剖析，总结出大方镜的三个特点。此镜出土于齐地，背后有着较为复杂的历史原因。将考古发掘品与历史文献记载中的大方镜资料相结合，从而能够更加清晰地看到淄博龙纹大方镜在中国古代铜镜史上具有的重要地位。

第三篇《楚天汉境：湖南出土战国两汉特种工艺镜解读》，是将湖南地区考古发掘出土战国、两汉时期的铜镜置于考古学的视野下来考察，将其作为墓葬中的出土器物进行探讨，细致梳理长沙地区墓葬出土战国、西汉、东汉特种工艺镜的田野发掘资料，结合湖南博物院相关展览，举出一些名品实例，归纳其基本特点与学术价值。

第四篇《汉镜上的“中国”铭文》，选取三家国有博物馆藏铸有“中国”铭文的汉镜作为切入点，进行深入解读，重返历史现场。汉镜是中国铜镜史上的巅峰之一，部分汉镜纹饰法天象地，别有意趣。铭文内容深邃隽永，表现形式异彩纷呈。汉镜虽老，“中国”永新。

第五篇《考古学视野下的铜镜鉴赏》，是为纪念中国考古学诞生一百周年而作。随着中国考古学的不断发展、壮大，有关镜鉴学的田野发掘资料日益丰富，研究成果与日俱增。此文以中国国家博物馆（全书简称“国博”）举办的“镜里千秋：中国古代铜镜文化”、清华大学艺术博物馆举办的“万物毕照：中国古代铜镜文化与艺术”两大展览中的考古发掘品作为实物例证，分为先秦、秦汉、三国两晋南北朝、隋唐五代、宋辽金元明五个时段，较为全面、系统地回顾和展示中国铜镜考古重要的学术成果。

卷二为《跃龙》，以国博馆藏铜镜为探索重点。《跃龙在渊：中国国家博物馆藏铜镜上的龙纹品鉴》，将国博馆藏与龙相关的铜镜分为四类：第一类是以龙纹作为主体纹饰，第二类是以龙纹作为组合纹饰之一，第三类是以龙纹作为辅助纹饰，第四类是镜背上看不到龙的形象，却是反映与龙相关的传说故事。文中选择国博馆藏部分与龙相关铜镜，结合目前国博相关展览展品，按照上述分类，记述其形制、纹饰等基本信息，总结不同类型铜镜上的龙纹特点，以充分展示国博馆藏铜镜上神龙形象的气魄与豪迈。

《中国国家博物馆“镜里千秋”展览中的铜镜考古发掘品》《铜镜文化的魅力》，两文从不同角度将国博“镜里千秋”展览中的展品向社会大众进行广泛推介。

《国博龙镜撷英》，精选50面国博馆藏龙纹镜及其相关资料，配以精美的图片与拓本，从而使读者对国博的龙纹镜有较为系统、深入的了解。

卷三《见龙》收录六篇文章。其中四篇是为公众而写的铜镜文章，两篇是有关镜书的书评与导读。《见龙在田：洛阳出土铜镜上的龙纹纵览》，是在《洛镜铜华：洛阳铜镜发现与研究》一书笔者自撰部分内容的基础上对该地区出土战国、汉晋、隋唐、宋元龙纹镜资料做了较为深入的分析，反映出一条由蛇形到兽形、再到蛇形的龙纹形态演变轨迹。《镜子是个两面派》《唐朝的月亮》两篇小文，以铜镜图片为主，辅以浅显易懂的文字，分别对部分汉唐铜镜做专题性的介绍与描述，让今人充分感受古镜之美。《镜铭华章》一文，是笔者为鹏宇博士的专著《汉镜铭文汇释》撰写的一篇书评，尽量对该书学术内容作出相对客观的评价。《镜子是凝固的历史》，是我为拙作《鉴若长河：中国古代铜镜的微观世界》撰写的导读，主要是想告诉读者通过铜镜来研究古代历史的思路与方法，我走上铜镜研究之路的原因是天时、地利、人和三种因素的叠加。《龙腾河洛》一文，结合洛阳地区出土文物与历史文献记载，记述了该地区与神龙相关的传说故事、器物纹饰及图像。

本书上述框架借鉴了《易·乾》中爻位的体例，多处引用其中的爻辞作为标题，这是我读《易》的收获与领悟。《易·乾》云："初九，潜龙勿用。九二，见龙在田，利见大人。九三，君子终日乾乾，夕惕若，厉无咎。九四，或跃在渊，无咎。九五，飞龙在天，利见大人。上九，亢龙有悔。"北宋宋敏求撰《长安志·唐京城三》载：隋代开皇初年，宇文恺设计营建大兴城，"以朱雀街南北尽郭，有六条高坡，象乾卦，故于九二置宫殿，以当帝王之居；九三立百司，以应君子之数；九五贵位，不欲常人居之，故置此观及兴善寺以镇之"[1]。由此可见，《周易》不仅对于中国古代都城的规划设计产生了深刻影响，而且对于拙作体例框架的建构具有指导意义。

2013年，我和史家珍先生主编的《洛镜铜华：洛阳铜镜发现与研究》由科学出版社出版；2017年，拙著《鉴若长河：中国古代铜镜的微观世界》由生活·读书·新知三联书店公开发行；2022年，笔者与盛为人先生主编的《中国国家博物馆馆藏文物研究丛书·铜镜卷》由上海古籍出版社印行。《飞龙在天：中国铜

1 （宋）朱熹注：《周易本义》卷一《上经》，上海古籍出版社，1987年，第1页；辛德勇、郎洁点校：《长安志》卷九《唐京城三》"玄都观"条，三秦出版社，2013年，第315页。

镜史上龙纹形象的三次转变》是我写的第四种铜镜书，十多年的时光在写作中默默远去。运用的主要研究方法就是实证，一分材料说一分话，本书仍然沿用此法。在这个“资料为王”的时代，做学问必须要俯下身去，踏踏实实去收集资料，梳理资料，钩沉索隐，细致爬梳，才有可能得到一个接近历史本真的结论。

从潜龙勿用、见龙在田、惕龙乾乾，到跃龙在渊、飞龙在天、亢龙有悔，这反映出的既是事物发展、变化的自然过程，也仿佛是一段漫长、艰辛而又充满希冀学术旅程的真实写照。

卷二 跃龙

卷三 见龙

目录

上九，亢龙有悔。
九五，飞龙在天，利见大人。
九四，或跃在渊，无咎。
九三，君子终日乾乾，夕惕若，厉无咎。
九二，见龙在田，利见大人。
初九，潜龙勿用。
（《易·乾》）

卷一　飞龙

飛龍

飞龙在天：

中国铜镜史上龙纹形象的三次转变

卯兔远去，辰龙飞腾。《易·乾》云："九五，飞龙在天，利见大人。"[1]将"飞龙在天"的含义合在一起，还构成了一个汉字"龑"（yǎn）。早在春秋时期，龙纹即已出现在铜镜之上。1987年，在新疆和静县察吾呼西周至春秋墓地发掘出土两面龙纹镜（图1-1）[2]。两千多年来，中国铜镜史上的龙纹形象经历了三次转变：第一次是战国晚期至西汉，第二次是隋末唐初至盛唐，第三次是晚唐五代至北宋。今人可以通过中国古代铜镜上的龙纹，访古寻幽，感受中国龙的神采与魅力。

第一次转变：战国晚期至西汉

第一次转变是在战国晚期到西汉，铜镜上龙的形象特点由蛇形到兽形，由抽象到具象。从组合来看，战国龙纹镜是若干个龙纹组合在一起，到了西汉，逐渐变成四神组合，即东青龙、西白虎、南朱雀、北玄武。东

1 （宋）朱熹注：《周易本义》卷一《上经》，第1页。

2 以往有学者认为是蜷狼纹镜，后来有学者提出是龙纹镜。早期的龙纹形象，有的是嘴唇朝上翘着。仔细观察战国时期一些铜镜上的龙纹，这一特点更加明显。基于这一点认识，我赞成这应该是龙纹镜，而不是狼纹镜。

汉时，又相继出现了双龙、龙虎组合。

河南南阳战国晚期墓出土四龙镜，龙纹回首曲颈，身躯圆转，双翼呈圆弧形内卷，其体形更像是蛇，龙爪为两个爪。国博“镜里千秋：中国古代铜镜文化”展览展出的战国三龙镜，龙首吻部较长，长尾后伸上扬，龙爪为三个爪。三条龙的姿态夸张奇异，反映出战国匠师别具一格的想象力。美国弗利尔美术馆收藏有一面传为洛阳金村战国大墓中出土的错金银六龙镜，金龙、银龙各有三条，首尾相接。金龙是用一种俯视的视角表现出来的，银龙是侧面的形象，龙口大张，脑后有龙角，四肢伸展，龙爪为四个爪（图1-2）。其体形犹如六条回环往复、游走不定的蟒蛇。由此可见，这一时期龙爪数量尚不固定。

图1-1　新疆察吾呼墓地出土春秋时期龙纹镜（《新疆文物古迹大观》，第171页，图版448）

图1-2　传洛阳金村战国墓错金银六龙镜（《华夏龙鉴》，第5页，图2）

在战国镜中，还有一种蟠螭纹镜，学者一般认为蟠螭是属于龙、蛇一类的动物。国博藏湖南长沙桂花园出土蟠螭纹镜，镜背上的纹饰以弧形线条的形式呈现出来，特别密集，不易辨别龙首与躯体，有许多细节值得品味。到了秦代，这种蟠螭纹镜继续流行，如湖北云梦睡虎地11号秦代墓出土的蟠螭纹镜，仍然延续战国以来的这种纹饰。

图1-3-1　临淄西汉齐王墓五号器物坑龙纹大方镜（清华大学艺术博物馆供图）

图1-3-2　临淄西汉齐王墓五号器物坑龙纹大方镜拓本（《贾文忠全形拓精选集》下册，第66页）

从战国晚期到西汉早期，镜上龙纹一般为蛇形。东汉王充《论衡·讲瑞篇》云：“龙或时似蛇，蛇或时似龙。”[1]意即龙有时候像蛇，蛇有时候像龙，龙和蛇的形象有时是相通的，如一面带铭文的西汉长乐未央羽人禽兽镜，镜钮下方就是一条龙首蛇身的形象。

西汉早期铜镜上的蛇形龙纹是一个过渡形态，其典型代表是淄博西汉齐王墓五号器物坑出土的龙纹大方镜，为目前所能见到最大的龙纹镜。高115.1厘米，宽57.7厘米，厚1.2厘米，重达56.5公斤，被罗哲文先生称为“镜王”（图1-3）。此镜上的龙纹形象可以说呈现出头部侧视加上身躯俯视的视角。龙首吻部上扬卷起，龙口大张，几乎接近90度，龙口中间是龙舌，脑后有一弯刀似的龙角。整个身形呈S形。位于躯体两侧的四肢，包括前肢、后肢，特别有力度，简直就像运动员发达的小腿肌肉。龙爪均为三爪，有点像清代慈禧太后戴的指甲套，极其尖利。大方镜的最下面，即龙尾部分，本该只有一条尾巴，为了保持均衡，汉代匠师就在龙的左侧又加了一条尾巴，变成了双尾，主要是为了达到视觉上的一种平衡。

1　刘盼遂：《论衡集解》卷十六《讲瑞篇》，古籍出版社，1957年，第344页。

图1-4　国博“镜里千秋”展览展出新莽鎏金四神博局镜上的龙纹（范立摄影）

到了西汉晚期，龙纹的身形慢慢由蛇形变成了兽形。出土于长沙北郊西汉晚期墓的鎏金中国大宁四神博局镜，镜背上的龙纹已经呈现一只猛兽的形象了。洛阳五女冢新莽墓出土一面西汉永始二年（公元前10年）四神博局镜，经过笔者的考证确认，这是目前中国考古发现最早的纪年镜。如果仔细看镜钮的下方，龙的身形已经具备了野兽的样子。

1956年，西安东郊十里堡出土新莽时期鎏金桼言四神博局镜，镜上四神中的青龙已经完全是像老虎一样的身形，头上还有一独角（图1-4），实际上应该是两个龙角。外饰一周铭文带，顺时针方向旋读：“桼言之纪从镜始，仓（苍）龙居左虎在右，辟去不羊（祥）宜古（贾）市，长保二亲利孙子，寿敝金石西王母。”洛阳涧西丽春西路202厂92号汉墓出土尚方四神博局镜背一周铭文亦云：“巧工刻之成文章，左龙右虎辟不

图1-5　国博“镜里千秋”展览展出东汉龙虎镜

图1-6　西安南郊长安县南里王村唐墓出土四神十二生肖镜上的龙纹

图1-7　西安郭家滩65号唐墓千秋盘龙镜（《千秋金鉴：陕西历史博物馆藏铜镜集成》，第355页）

羊（祥），朱鸟玄武顺阴阳，子孙备具居中央，长保二亲乐富昌，寿敝金石如侯王。”“左龙右虎辟不羊（祥）”，“羊者，祥也”，两字通假；“朱鸟玄武顺阴阳”，“朱鸟”就是朱雀。这些铭文回答了汉代匠师将青龙、白虎、朱雀、玄武四神形象铸在镜背上的根本原因，是为了保护子孙万代，双亲都能够过上富贵、昌盛的生活，如金石一样长寿。

除了作为四神组合中的一员之外，东汉铜镜上的龙纹有时候还唱独角戏。如国博馆藏一面东汉镜背上只有一条C形盘龙，环绕着镜钮。东汉还有布局呈太极图式的双龙镜，展现出的是两条龙的侧面形象。一面东汉龙虎镜，一龙一虎夹钮对峙，瞋目张口，形成龙虎组合（图1-5），此即汉代镜铭上所说的“左龙右虎辟不羊（祥）”，起着趋吉避邪的作用。东汉镜上的龙纹有时还会装饰在镜子边缘。

从战国晚期到西汉时期，铜镜上的龙纹完成了第一次转变，龙纹形态由蛇形变成了兽形，实现了由若干个龙纹组合到四神组合的变化。

第二次转变：隋末唐初至盛唐

第二次转变是在隋末唐初至盛唐。隋末唐初之际，龙纹镜沿袭了汉代以来的传统，龙依然是四神之一。当十二生肖镜出现后，它又成为十二生肖之一。虽然龙的身形仍是兽形，龙体却由清瘦修长逐渐向着健硕有力的方向发展。

1957年西安李静训墓出土的光正随人十二生肖镜，龙的形象并不突出，与其他十一种生肖动物处于同一地位。1991年西安南郊长安县南里王村唐墓出土的四神十二生肖镜，镜上青龙身躯显得修长轻盈，双翼较短，长尾上扬内卷，周围祥云仿佛在飘动着，呈现出十足的动感（图1-6）。

时至盛唐，龙纹镜发生了较大变化。一条盘龙成为镜背上的主角，其身形强健，四肢有力，鳞爪飞扬，反映出大唐气象的恢弘与豪迈，这是什么原因呢？孙机先生的一段论述回答了这个问题：大家说到龙的时候，总以为龙一直是皇权的象征。在漫长的岁月中，并不是这样。秦汉时没有完全将帝王和龙的联系固定在一起，而是到了唐代把皇帝和龙联系得更加紧密了。在唐代装饰龙纹的器物中，铜镜最具代表性。唐玄宗把自己的生日八月五日定为“千秋节”。到了这一天，皇帝给大臣们颁赐铜镜，这种铜镜主要就是带有“千秋”铭文的盘龙镜[1]。西安郭家滩65号唐墓出土一面“千秋”铭文盘龙镜，镜缘上、下各有一字楷书体阳铭，分别为“千”“秋”（图1-7），文献记载的千秋镜在现实中找到了实证。可知大唐开元盛世之际，玄宗李隆基对于龙纹镜的重视，是盘龙镜盛行并且佳作

1 孙机：《神龙出世六千年》，氏著《仰观集：古文物的欣赏与鉴别》，文物出版社，2012年，第34页。

频出的主要原因。

关于唐代盘龙镜的铸造，还有一段传奇故事。扬州是当时的一个铸镜中心，进镜官扬州参军李守泰曾经进献给唐玄宗一面镜子，其主体纹饰是一条盘龙，他还详细讲述了铸镜前后遇到的神奇经历。在他们铸镜之前，来了一老一小两人。老人叫龙护，小童叫玄冥，对铸镜匠吕晖说："听说你们在这儿铸镜，我们来看一看，想给你们帮帮忙。"于是镜匠就让他们进到铸镜作坊里面，三天三夜之后，门开了，镜匠带着人到里面找，找了半天，这一老一小两人简直就像蒸发了一样，找不到了，只留了一张纸条，说到这面镜子大概是什么样子，其"镜鼻如明月珠"。镜匠吕晖等人把铸镜的炉子移到船上，这船驶进了扬子江中。铸镜之时，仿佛听到了龙吟之声，声音非常大，后来镜匠把这面镜子铸出来了。龙护老人临走之际，留下了一首《铸镜歌》："盘龙盘龙，隐于镜中。分野有象，变化无穷。兴云吐雾，行雨生风。上清仙子，来献圣聪。"玄宗听了之后，下诏派专人保管此镜[1]。

隋唐时期的"两京"，是指东京洛阳、西京长安，这两座都城一带出土的铜镜均具有代表性。上文提到了出土于长安的"千秋"铭文盘龙镜，再来看看洛阳北窑村发现的盘龙镜。仔细观察一下略显狭长的龙口，可以看到除了上扬长卷的龙舌之外，还有一颗小圆珠（图1-8），这正是传说中的龙珠，即孕育生命的龙卵，据说来自龙的颌下或者是龙口中，文献还有一些关于龙珠的记载，其中一条文献说的比较有趣，来自清代屈大均撰《广东新语》卷一五：广西合浦有一人得到了一颗龙珠，但他不知道珍贵，就用龙珠换粮食了。换了以后，得到龙珠的人将珠子放到了自己

1 （宋）李昉等编：《太平广记》卷二三一《器玩三》引《异闻录·李守泰》，中华书局，1995年，第1771页。

嘴里，一不留神，他把它吞下去了，以至于腹胀，吃不下饭。多次入水，浑身长鳞，变成了龙。他住的地方慢慢深陷，变成了龙渊，称为“龙村”[1]。南京博物院收藏有一幅清代黄慎所绘《探珠图》，描绘的是一位老者降服了一条龙的场景。龙匍匐于地，老者骑于龙背之上，从其口中获得一颗龙珠，握于左手中（图1-9）。

国博收藏有一面唐代大型盘龙镜，应是皇家御用之物，直径达到了31.6厘米，是目前能够见到馆藏直径最大的盘龙镜，在国博举办的“龙肇新元：甲辰龙年新春文化展”展出（图1-10）中成为明星展品。认真端详一下这面盘龙镜的细部，龙头高昂回眸，龙口大张，面向镜钮，唐代匠师已经把镜钮视作龙珠来进行设计。龙体随形就势，龙鳞密布，四肢劲健，龙爪锋利，可以看出匠师将神龙刻画得细致入微，所以才有了栩栩如生之感，充满着生命的张力和视觉冲击力，让人能够感受到盛唐神龙的

图1-8　洛阳北窑村出土唐代盘龙镜（洛阳市文物考古研究院供图）

图1-9　南京博物院藏清代黄慎《探珠图》（朱万章供图）

1　（清）屈大均撰：《广东新语》卷一五《珠》，中华书局，1997年，第415页。

图1-10 国博“龙肇新元”展览展出唐代盘龙镜（范立摄影）

大气磅礴与威武之势。唐代盘龙镜的特色，除了龙珠、三爪之外，部分盘龙纹还有一个“尾缠腿”的特点，即卷曲的龙尾与后腿相缠绕。

除了盘龙镜以外，还有一种升龙镜，见于江苏仪征莱茵达64号唐墓发掘品、湖南出土双升龙镜。两龙相峙，腾空而起，缓缓上升，双翼飘逸，两个龙爪高高举起，仿佛是要击掌而鸣的感觉，实则护佑着一个三层花盘，龙体两侧饰以祥云，龙尾也是缠着后腿。今人还能够在古代的诗词歌赋中读到一些吟诵“龙镜”的句子，令人回味无穷：

眺瞻情未终，龙镜忽游骋。（南朝梁·萧统《钟山解讲》）

鉴悬龙镜，明逸照于咸阳。（唐·骆宾王《上郭赞府启》）

龙镜逃山魅，霜风破嶂雪。（唐·钱起《送李大夫赴广州》）

铜镜上龙纹的第二次转变，是从隋末唐初到盛唐，虽然其身形一直都是兽形，却从身材修长的兽形演变成躯体健硕的兽形，看起来威猛强健。在组合方面，由四神组合、十二生肖组合演变为独立成图的表现形式，龙纹的重要性越来越显现出来，这是与皇权不断得到加强密不可分的。

第三次转变：晚唐五代至北宋

中国铜镜史上龙纹形象的第三次转变，即自晚唐五代至北宋，又从兽形回到了蛇形。近世以来龙的形象在北宋基本得到定型，出现了程式化的表现形式，对元明清以及近现代产生了深远影响。

洛阳博物馆收藏的唐代十二生肖飞仙镜，镜钮下方有龙的形象，呈飞奔之势，其身形由盛唐盘龙镜的健硕威猛，逐步演变为中晚唐时期十二生肖镜中飞龙的修长硬朗。五代时期，十二生肖镜继续流行，只不过这种龙纹看起来有点变化。从浙江临安板桥乡五代八卦十二生肖镜上的龙纹摹本来看，三个爪已经简化，由爪足变成了蹄足。1983年，四川巴中出土五代前蜀武德军八卦十二生肖镜，铸造的辰龙有点模糊，此时的铸镜工艺水平比盛唐和晚唐要弱许多。

到了北宋，龙的形象从兽形又回到蛇形，龙纹再次出现四个爪，并渐渐固定下来，这是第三次转变呈现出来的特点。北宋郭若虚《图画见闻志·叙制作楷模》云："画龙者折出三停，分成九似，穷游泳蜿蜒之妙，得回蟠升降之宜。仍要鬃鬣（liè）肘毛，笔画壮快，直自肉中生出为佳也。"[1]其中，"三停"即自首至膊，膊至腰，腰至尾。"九似"，在《尔雅翼》中有解释："角似鹿，头似驼，眼似兔，项似蛇，腹似蜃，鳞似鱼，爪似鹰，掌似虎，耳似牛。"[2]郭氏画论所述成为一种画龙的定式。画家在画龙时，主要是按照这种"折出三停，分成九似"的表现方式来绘制龙的形象。

天津博物馆收藏有一面北宋政和元年（1111年）盘龙镜，虽然龙纹不甚清晰，却还可以看出其身形已经完全由唐代的兽形变成了蛇形（图1-11）。1979年，浙江武义县柳城犁耙厂出土一面北宋双龙衔尾镜，位于镜钮左侧的这条龙咬着右侧一条龙的尾巴。双龙衔尾纹在汉代画像砖中已有此类纹饰，但是没想到，到了北宋，居然还有这种龙咬尾的图像出现。

1 （宋）郭若虚：《图画见闻志》卷一《叙论·叙制作楷模》，人民美术出版社，2004年，第10页。

2 （宋）罗愿：《尔雅翼》卷二八《龙》引东汉王符佚文，（清）张海鹏辑：《学津讨原》八，江苏广陵古籍刻印社，1990年，第521页。

图1-11　天津博物馆藏北宋政和四年盘龙镜

图1-12　国博藏南宋龙虎丹鼎镜（国博供图）

龙体一侧都带有翅膀。在龙首、脊背外侧，还饰以祥云纹，这是一面纹饰少见的双龙镜。

国博收藏有一面龙虎丹鼎镜，纹饰较为清晰。镜钮左、右各有一龙、虎，中央镜钮可视作一粒金丹，下面是三足鼎，立于岸上，在水中还有一只神龟（图1-12）。唐代龙纹镜“尾缠腿”的特点在南宋时继续得到继承。2024年元月，国家邮政局发行了两枚一套的甲辰年邮票，其中第二枚邮票就是“辰龙献瑞”，采用了“祥龙拱璧”纹饰，与南宋龙虎丹鼎镜构图相似，可知邮票上的双龙拱璧纹是有历史渊源的，“古今一体”得到了充分印证。

内蒙古赤峰市耶律羽之墓出土的鎏金盘龙镜，是仿照唐盘龙镜制作的，有其形，无其神，缺乏大唐盘龙镜的气势与神韵。尽管这种仿镜上龙的身躯仍是兽形，却感觉较为肥胖（图1-13）。唐代盘龙镜是“尾缠腿”，到了辽代，变成了“腿缠尾”。唐代镜上龙纹只有三个爪，自宋辽金时期开始，龙纹再次有了四个爪。国博还收藏有一面明代仿唐的盘龙镜，没有力量感。唐代镜上龙纹对辽代、明代盘龙镜产生了较大影响。

图1-13 清华艺博"万物毕照"展览展出赤峰市辽代耶律羽之墓鎏金盘龙镜

辽宁阜新塔基清理出一面辽代双龙镜，构图属于中国古代传统纹样里的"太极图式"，呈逆时针方向旋转，且龙尾缠着后肢，绞缠在一起。另有一面金代承安四年（1198年）双龙镜，两条龙一上一下。一条龙位于镜钮上方，这条龙没有龙角；在镜钮下方还有一条龙，有龙角。两个龙首大致平行。这两面辽金时期的双龙镜上的龙纹均为蛇形，屈曲蜿蜒，形若巨蟒，祥云环绕。

除了这种双龙镜以外，金代还铸有与龙女相关的柳毅传书故事镜。据唐李朝威小说《柳毅》所云：书生柳毅在泾川遇到了洞庭龙君的女儿，困辱于泾川龙子。龙女让柳毅帮忙，给家里带一封书信。柳毅到洞庭龙宫传书之后，龙女的叔叔钱塘龙王赶到泾川，解救了龙女，本来打算让龙女嫁给柳毅，但是柳毅未答应。柳毅回家之后，先后娶了张氏和韩氏，都不幸去世了。第三次娶了卢氏，过了一个多月，发现卢氏竟然是他解救的龙女[1]。唐代岑参《龙女祠》诗里说到"龙女何处来，来时乘风雨"，可以想见当时龙女在民间已经作为一个祭祀对象了。

在国博"古代中国"基本陈列展厅中，可以欣赏到1976年黑龙江阿城出土的金代柳毅传说故事镜。在镜钮左侧，铸有两人相对而立的形象，

1 （唐）李朝威：《柳毅》，参见（宋）李昉等编《太平广记》卷四一九《龙二》引《异闻集》，第3410-3417页。

图1-14　国博“古代中国”基本陈列展出金代柳毅传书故事镜（范立摄影）

图1-15　清华艺博“禮出东方”展览展出山东邹城明代鲁王墓云龙镜

刻画的是龙女手里拿着书信准备交给柳毅的场景，附近有三只小羊。镜钮右侧，柳毅的仆人牵着牲口，静静地等候着主人（图1-14）。国博收藏的另外一面柳毅传书镜，与上面镜子反映的故事情节不同。画面中，柳毅站在岸边，龙女已经被解救回到了洞庭湖，她立于水上与柳毅道别，柳毅即将踏上回家的旅途。

有元以降，龙纹镜依然流行。元代至元四年的双龙镜在国博“龙肇新元”展览中可以看到，但这面镜子纹饰布局奇特，两条龙分别横置于镜钮上下，呈逆时针方向排列。一条龙首向下，另一条龙昂首向上，均为龙口大张，面对龙珠。陈传席先生提出：元代政府规定，皇帝、宫廷使用的龙纹是两角、五爪，民间不能用，只能用四爪或者三爪。到了明清时期，继续沿用这个规定[1]。

1　陈传席：《龙的爪数初探》，《美术研究》2014年2期。

1971年山东邹城明代鲁王朱檀墓出土洪武六年（1373年）云龙镜，龙首五官、身躯、鳞爪铸造细腻，龙爪为五个爪，铭文清晰可见（图1-15），推测有可能是明初朝廷赏赐给鲁王的皇家铸镜。唐代盘龙镜上的“尾缠腿”特点，经过长期演变，变成了“腿缠尾”。虽然说这一时期把唐代盘龙的特点发扬光大了，风格却已是大相径庭。故宫博物院藏明代鎏金万历年造龙凤镜，使用时间较长，有磨损的痕迹，以至于只能大体上看出神龙的轮廓及四肢，最重要的是可以辨认出龙爪是五个爪，此镜应是皇家作坊铸造的，直径为28.4厘米。中国古人讲究龙凤呈祥，镜背上有一龙一凤，作为结婚用镜是最为合适的礼品。

大顺三年（清代顺治三年，公元1646年）双龙镜，镜背钮上面有“大顺三年”纪年。“大顺”是明末清初张献忠建立大西政权使用的年号，此镜应是该政权所铸。“江口沉银”遗址发掘项目曾经轰动全国，还被评为十大考古新发现之一。但是，在江口遗址出水遗物中，没有出现类似的双龙镜。这面镜子上的两条龙，如同“四不像”，已经没有了飞龙的气质与韵味。

故宫博物院藏一面清代晚期彩漆双喜龙凤镜，镜钮上是红色“囍”字。镜钮下方两侧各有一龙一凤，有龙凤呈祥的寓意。龙首高昂，凝视镜钮。张牙舞爪，龙爪是五爪，它的直径比上述明代万历年间的鎏金龙凤镜要大，达到34.2厘米（图1-16），应该是宫廷御用品，两者均属于特种工艺镜。

第三次转变，从晚唐五代到北宋，这一时期龙纹的身形基本定型，又从兽形回到了蛇形，出现了单龙或者双龙成图的表现形式。元明清时期，镜上龙纹沿袭北宋以来的特点与风格，并在此基础上略有变化。

图1-16　故宫藏清代彩漆双喜龙凤镜（何林主编：《故宫藏镜》，2008年，第268页，图141）

龙纹镜三次转变的原因及其学术价值

在中国铜镜史上，为什么龙纹形象有上述三次转变呢？概括起来说，即《易·乾》《文言》第四节所云："'终日乾乾'，与时偕行。"[1]铜镜上龙纹形象三次大的变化，是不同历史时期国力盛衰、社会生活以及思想文化观念、审美风尚等多种因素交织在一起形成的结果。在题材内容方面，如果要研究中国古代铜镜纹饰的话，那么龙纹演变应该是重点关注的问题，因为龙纹是古代动物纹饰中最为重要的纹饰之一，应该紧紧抓住此类问题进行深入探讨；在表现形式方面，龙纹镜既有浅浮雕，也有少量的高浮雕、减地平雕加阴线刻，甚至采用错金银、镶嵌螺钿、彩漆等特种工艺技术，表现手法多种多样。

说到龙纹镜的发展规律，可以归纳为以下三点：其一，从宏观上来看，演变特点是由简入繁，由抽象到具象，由装饰到写实；其二，就视觉形象而言，龙纹主流的发展轨迹应该是从蛇形到兽形，再到蛇形，若用美学的语言来说，即阴柔—阳刚—阴柔；其三，关于镜上龙纹的爪数变化，战国时期有两爪、三爪、四爪，尚未固定，西汉早期为三爪，多数情况下青龙形象太小，不易辨识爪数，唐代龙纹三爪最为突出，接下来是宋辽金时期的四爪，再到元明清时期的五爪，反映出来的是皇权得到进一步加

1　（宋）朱熹注：《周易本义》卷一《上经》，第4页。

强，凸显其至高无上的政治地位，而元代以来民间使用龙纹爪数只能是三爪、四爪。

关于龙纹镜的学术价值，包括三个方面：一是历史价值，龙纹镜种类丰富，时代蝉联，在中国铜镜史上具有重要地位，为研究社会生活史提供了鲜活的实物资料；二是科学价值，部分龙纹镜形制巨大、纹饰清晰，铸造工艺技术难度较大，反映出当时相当高的铜镜制作水平；三是艺术价值，各个时期的龙纹镜设计缜密，构图均衡，或抽象概括，或具体写实，呈现出不同时代人们的审美风尚，为研究中国工艺美术史提供了大量资料。

通过对中国铜镜史上龙纹形象三次转变的讨论，可以看出铜镜上龙纹的形象刻画由抽象到具象，性质由神话到世俗，神态由威猛到温顺，以至于成为今天我们生活中人见人爱的吉祥物。《易·乾》云："《象》曰：天行健，君子以自强不息。"[1]它所展示出来的不仅是人们想像中飞龙在天的神态，更是我们中华民族奋发进取精神的充分体现。

1 （宋）朱熹注：《周易本义》卷一《上经》，第2页。

镜中之王：

临淄西汉齐王墓器物坑龙纹大方镜品读

2023年10月至2024年2月，清华大学艺术博物馆举办了“禮运东方：山东古代文明精粹”特展。其中，展出了淄博市博物馆的镇馆之宝西汉矩形五钮龙纹铜镜（图2-1）。随着的空间位移，这面大方镜的属性也在不断发生变化，我们可以试着倒推一下。大家首先看到的它是清华艺博“禮运东方：山东古代文明精粹”展览中的明星展品（图2-2），其次是它在淄博市博物馆文物库房中作为藏品的身份。如果往前追溯到1980年的话，在淄博窝托村南齐王墓5号坑，当出土的时候，它是一件考古发掘品。让我们在考古发掘品的基础上发挥自己的想象力，它以前有可能是在位于距离窝托村东北23公里的地方，即西汉临淄城齐王府中的一面穿衣大镜。

这面铜镜大到什么程度？镜高115.1厘米，宽57.7厘米，厚1.2厘米，重56.5公斤（图2-3）。根据1968年河北满城陵山2号西汉墓出土错金铁尺的一尺相当于今天的23.2厘米来进行折算，此镜高约汉代五尺，广约两尺半，其高度是宽度的两倍。大家看了这些数据以后，会感到它的确是体量巨大，以至于文物专家罗哲文先生为其拓本题字“镜王”，可以说是当之无愧。

图2-1 清华大学艺术博物馆展出淄博西汉齐王墓五号器物坑龙纹大方镜

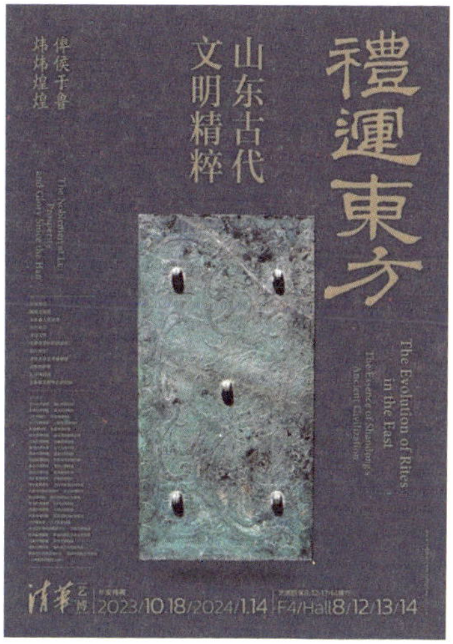

图2-2 清华艺博举办“禮运东方：山东古代文明精粹”特展海报（清华大学艺术博物馆供图）

一、山东淄博西汉齐王墓器物坑考古发掘概述

1978年11月至1980年11月，山东省淄博市博物馆对位于该市临淄区大武乡窝托村南的西汉齐王墓五座随葬器物坑进行了长达两年的田野考古发掘[1]。正式发掘之前，先在封土堆外围进行普遍钻探（图2-4）。挖去墓室封土后，又对墓葬形制做了初步钻探。

根据钻探结果来看，位于中间的是主墓，前后有墓道，即平面呈“中”字形大墓（图2-5）。在其西北为一号器物坑，在南面墓道两侧各有两个坑，共计五个器物坑。主墓没有发掘，只清理了五个器物坑，幸运的是这些坑没有被盗，出土文物共计12000多件。一号坑里面放的是礼器，二号坑葬了许多狗，三号坑主要是兵器和仪仗器，四号坑为车马坑，

1 山东省淄博市博物馆：《西汉齐王墓随葬器物坑》，《考古学报》1985年2期。

图2-3-1 齐王墓五号器物坑龙纹大方镜（清华大学艺术博物馆供图）

图2-3-2 齐王墓五号器物坑龙纹大方镜线描图（《考古学报》1985年2期，第240页，图一六：2）

图2-4 淄博西汉齐王墓封土外景（《考古学报》1985年2期，图版拾伍：1）

五号坑随葬有兵器和少量的生活用具，也就是在清华大学艺术博物馆展厅展出大方镜所在的器物坑。考古工作者在发掘、整理完成这些器物以后，发表了一篇考古发掘报告，报告撰写者在“结语”部分对这座齐王墓的墓主人身份进行了推测，认为应该是西汉第二代齐王刘襄。

齐王墓五座器物坑出土了一批精美文物，这次在清华艺博展厅中展出了部分珍品，国博也收藏、展出了少量器物。例如，齐王墓一号器物坑出土一件裂瓣纹银盒（图2-6）、三件银盘，其中一件现藏国博并展出（图2-7）；国博收藏一件出于三号坑的鎏金铜弩机（图2-8）；四号坑发现一组鎏金鹿纹与骆驼纹铜节约（图2-9）；五号坑清理出两件金籥铜戈，其中一件在清华艺博展出（图2-10），另一件现在国博“古代中国”基本陈列展柜中（图2-11），还发掘出鎏金铜熏炉（图2-12）、错银十八面铜骰子各两件（图2-13）。

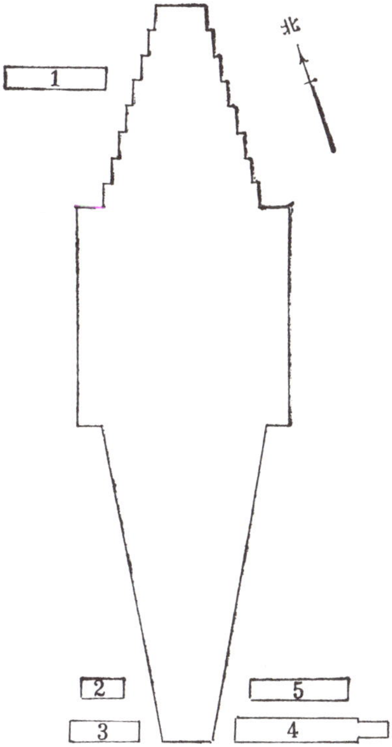

图2-5　淄博西汉齐王墓及随葬器物坑分布示意图（《考古学报》1985年2期，第224页，图二）

图2-6　清华艺博展出齐王墓一号器物坑裂瓣纹银盒

图2-7 国博“古代中国”基本陈列展出临淄齐王墓一号坑“卅三年”龙凤纹刻铭银盘

图2-8 国博藏齐王墓三号器物坑鎏金铜弩机（《华夏之路》第二册，91页）

图2-9 清华艺博展出齐王墓四号器物坑鎏金鹿纹与骆驼纹铜节约

图2-10 清华艺博展出齐王墓五号器物坑金籥铜戈之一局部

图2-11 国博藏齐王墓五号器物坑金籥铜戈之二局部（《华夏之路》第二册，90页）

二、齐王墓五号器物坑出土铜镜铸造年代与特点

这一部分重点探讨齐王墓五号器物坑。五号坑为兵器与生活用具坑，长20.4米，宽3.74米，深2.1米。坑内西侧发现了五面铜镜，其中一面为覆有土黄色纺织品痕迹的大方镜，四面为圆形铜镜，盛放于直径约25厘米的圆形漆奁内，由此可见汉代人对于铜镜的爱惜程度。

图2-12 清华艺博展出齐王墓五号器物坑鎏金铜熏炉

图2-13 清华艺博展出齐王墓五号器物坑错银十八面铜骰子

由于器物坑上部架了许多原木，以封闭坑口。推测木头腐朽以后砸下来，四面圆镜都被压碎了。其中一面铜镜，报告整理者画了一幅复原的线描图，圆镜直径为24厘米，厚度仅有0.2厘米（图2-14）。其主体纹饰是钮座四面正中各有一腰果状纹饰，镜缘为十二内向连弧纹。为了让大家看清楚此类铜镜的纹饰，我又找到了淄博范家墓地新村工地11号西汉早期墓出土一面直径15.7厘米的方花连弧镜及拓本（图2-15），与上述铜镜纹饰完全相同，应该就是李零先生所说的方花纹[1]。至于圆形铜镜的年代，发掘整理者认为圆形铜镜形体较薄，纹饰简化，饰三弦钮和连

1 李零：《"方华蔓长，名此曰昌"——为"柿蒂纹"正名》，《中国国家博物馆馆刊》2012年7期。

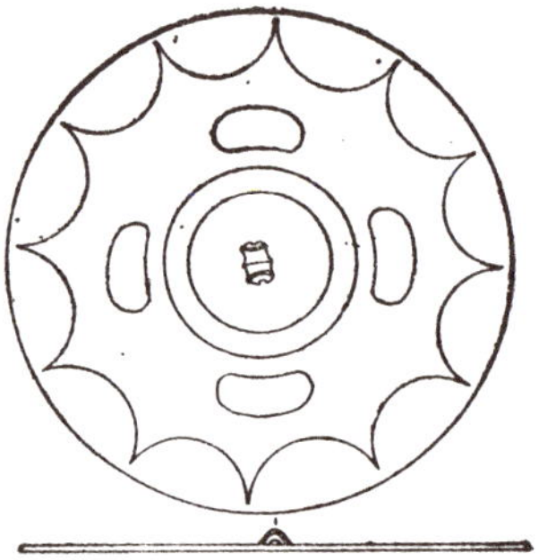

图2-14　淄博齐王墓五号器物坑方花连弧镜线描图（《考古学报》1985年2期，第236页，图一三：15）

图2-15-1　淄博范家墓地新村工地M11西汉早期墓出土方花连弧镜（《山东临淄战国汉代墓葬与出土铜镜研究》I，第177页）

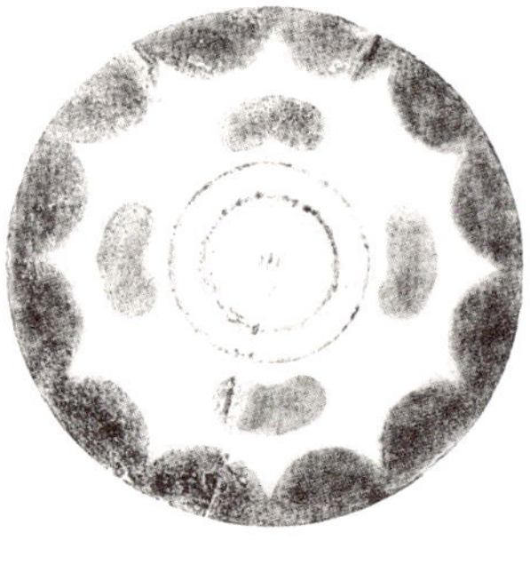

图2-15-2　淄博范家墓地新村工地M11西汉早期墓方花连弧镜拓本（《山东临淄战国汉代墓葬与出土铜镜研究》I，第146页）

弧纹，具有西汉初期铜镜的特点。

关于五号坑出土大方镜的年代问题，其年代下限为西汉初期，上限能否早到战国？有学者直接提出“淄博的战国矩形青铜大方镜”说法，另有人认为“只是铜镜的时代可能比墓葬早”，他们的推测自有一定道理。因为齐王墓一号器物坑出土一件刻铭鎏金银盘（图2-16），于国博“古代中国”基本陈列展出。发掘整理者认为：齐王墓一号器物坑出土两件银盘，其中一件刻有“卅三年”铭文，可能是秦始皇三十三年，即公元前214年。国博“古代中国”基本陈列展出鎏金银盘说明牌引用了另外一种观点，认为银盘上刻有三类铭文，其中“左工”“卅三年”铭文应是最早的铭刻，为秦昭襄王三十三年（公元前284年）由秦国工官“左工”制造，后来周人得到此盘，并将其价格刻于盘上，最终入藏西汉齐王府内。

那么，这面大方镜到底铸于何时呢？让我们从铜镜形制、镜钮、钮座、纹饰区、镜缘五个基本要素的角度出发，对此镜进行深入解读。

第一，形制。此镜形制为长方形，体量巨大，可资比较的实物标本仅见于江西西汉海昏侯刘贺墓出土镜屏（图2-17）。齐王墓五号坑大方镜高115.1厘米，宽57.7厘米，厚1.2厘米，重56.5公斤，海昏侯墓发现的五钮大方镜高70.3厘米，宽46.5厘米，厚1.3厘米，镜缘厚1.2厘米，铜镜背面为素面。通过对比可以看出，齐王墓五号坑铜镜比海昏侯墓出土大方镜要高出44.8厘米，宽出11.2厘米，厚度却比其要薄一点，镜背还有雕饰华美的龙纹，反映出其铸造技术略高一筹。

图2-16　国博藏临淄齐王墓一号坑刻铭鎏金银盘（《华夏之路》第二册，74页）

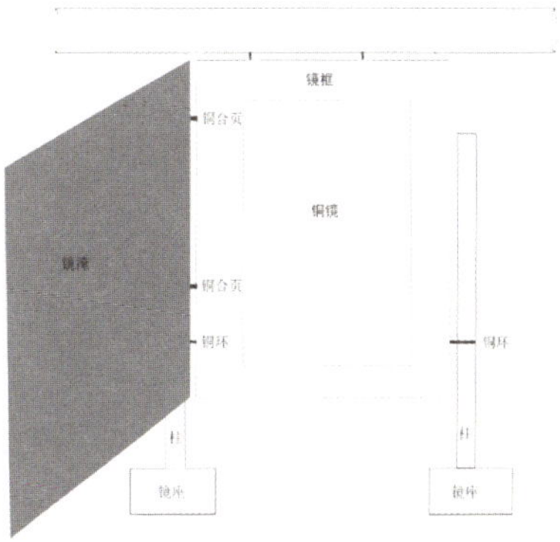

图2-17　海昏侯墓出土铜镜使用复原示意图（王意乐等：《海昏侯刘贺墓出土孔子衣镜》，《南方文物》2016年3期，第62页，图四）

第二，镜钮。齐王墓五号器物坑大方镜有五个半环状单弦纹镜钮，均匀分布于镜背之上，每个镜钮长5厘米，宽3.5厘米，高3.2厘米（图2-18）；海昏侯墓镜背亦有五个镜钮，每个镜钮长3.8厘米，宽2厘米，高1.8厘米。前者镜钮大于后者。

第三，钮座。齐王墓大方镜钮座、主区及镜缘纹饰的制作手法，均为减地平雕加阴线刻。五个钮座均为方花纹，俗称“柿蒂纹”（图2-19）。此类纹饰始见于战国中期铜镜钮座上，战国晚期沿用，后大量运用于汉镜钮座上，如湖南资中战国中期墓四叶镜拓本、湖南常德德山战国晚期楚墓四叶镜拓本上都能看到方花纹。将齐王墓一号坑陶釜与陶甑上的铺首纹饰、四号坑铜车垫纹饰与大方镜钮座方花纹进行比较，可以看出两者造型相似。仔细观察洛阳烧沟汉墓出土铜镜钮座方花纹的演变轨迹、洛阳烧沟汉墓出土空心砖纹饰拓本以及山东嘉祥县满硐乡宋山东汉永寿三年（157年）墓方花纹画像石拓本（图2-20），可知方花纹作为一种装饰纹样在汉代器物上的广泛运用。

第四，纹饰区。齐王墓大方镜主区纹饰凸起1毫米，塑造的是一条升龙腾空而起的形象，具有浓厚的装饰意味（图2-21）。透过大方镜拓本可以更加清晰地看到上部龙首的侧面形象，龙口大张，长吻上卷，鼻部隆起，眼眶凸出，龙眼圆睁，尖角后伸，尖首龙角的形象应来源于战国；上下嘴唇几乎成九十度夹角，龙牙前伸，长舌吐出。升龙身躯为俯视效果，龙体四肢发达，强健有力。三个利爪形态各异，屈伸有度，收放自如。两条后肢后面接的是龙尾，本来有一条尾梢向右的尾巴就够了，汉代的设计师为了保持视觉上的平衡，又加了一条尾梢向左的龙尾，从而形成左右对称的样式。从整体上看这条龙纹，中部有一条无形的中轴线纵贯上下，中轴线两侧基本对称，而非绝对对称。

如果将临淄齐王墓大方镜与湖南长沙马王堆西汉墓帛画摹本中龙的形象（图2-22、图2-23）、河南永城柿园西汉梁王墓四神云气图壁画龙首形象做细致比较的话（图2-24），可以得出以下结论：一方面是相同点，均为侧面形象，龙口张大，龙吻上扬，鼻部与眼眶突出，龙眼圆睁，上下嘴唇几乎成九十度夹角，长牙利齿，龙舌伸出；另一方面是不同点，由于三种载体质地的不同，龙首的细部刻划略有差异，龙角造型不同。通过对比可以看出，临淄大方镜上的龙纹形象明显具有西汉早期龙纹的特点。

再把齐王墓五号器物坑大方镜与淄博范家墓地淄江花园K组团工地475号西汉早期墓龙纹镜做一比对：一是龙首为大眼，尖角，龙口大张，

图2-18 清华艺博展出淄博西汉齐王墓五号坑大方镜背上的五个镜钮

图2-19 淄博西汉齐王墓五号坑大方镜背上的镜钮与钮座细部

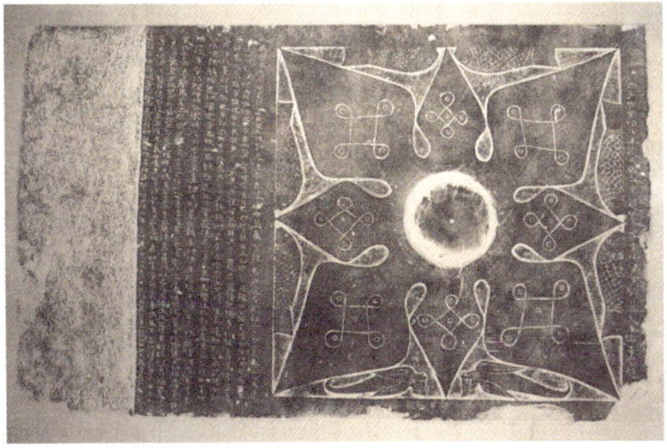

图2-20 山东嘉祥县满硐乡宋山东汉永寿三年墓方花纹画像石拓本

利齿，长舌；二是龙身呈S形，龙尾呈C形，前、后肢基本对称分布，每条龙腿下有三个利爪；三是S形双翼翅位于龙身左右（图2-25）。反映出大方镜背上龙纹身体两侧的S形线条应是翼翅，而不是祥云。

图2-21 临淄西汉齐王墓五号器物坑龙纹镜拓本（《贾文忠全形拓精选集》下册，第66页）

将淄博市临淄区商王墓地战国晚期墓错金银青铜盒盖上的龙纹（图2-26、图2-27、图2-28）、湖南长沙战国晚期墓四龙镜、河南南阳战国晚期墓四龙镜等图像资料集中起来分析，可知战国时期的龙纹与西汉齐王墓五号坑出土大方镜上的龙纹造型存在诸多差异。

第五，镜缘。大方镜上、下两条横边各饰以六个连弧纹，共计十二个；左右两条纵边各饰以十四个连弧纹，共计二十八个；四隅各饰一个连弧纹，共计四个；镜缘共计有四十四个内向连弧纹（图2-29）。由此可以总结出大方镜镜缘连弧纹的特点：一是连弧纹饱满、高挺（图2-30），二是此镜是目前所见汉镜中连弧纹数量最多的，三是与同坑出土圆形方花连弧镜的连弧形状相似。

通过对大方镜五个基本要素的考察，可以对其铸造年代作出如下判断：根据对该镜形制、镜钮、钮座、纹饰区及镜缘五个基本要素的分析，可知此镜既包含有战国铜镜的设计元素，也有西汉初期铜镜纹饰与图像新的元素，具有过渡阶段的特点。同时，也要看到：按照考古学断代的基本

图2-22 长沙马王堆一号西汉墓出土彩绘帛画（《湖南省博物馆》，图79）

图2-23 长沙马王堆一号西汉墓出土彩绘帛画局部（《湖南省博物馆》，图79）

图2-24 河南永城柿园西汉梁王墓四神云气图壁画（牛爱红摄影）

图2-25-1　淄博范家墓地淄江花园K组团工地M475西汉早期墓龙纹镜（《山东临淄战国汉代墓葬与出土铜镜研究》Ⅰ，第146页）

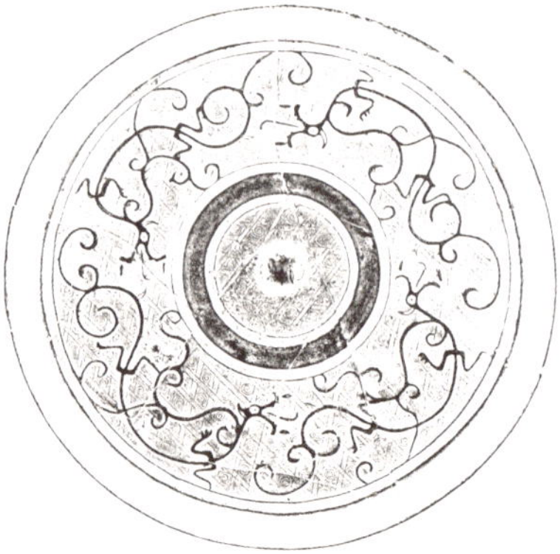

图2-25-2　淄博范家墓地淄江花园K组团工地M475西汉早期墓龙纹镜拓本（《山东临淄战国汉代墓葬与出土铜镜研究》Ⅰ，第146页）

原则，以最晚的年代元素来判断年代，所以此镜应是铸造于西汉初期，而非战国所铸。

三、齐王墓器物坑大方镜出现的历史原因与学术价值

齐王墓五号器物坑清理出大方镜不是偶然现象，而是有着深刻的历史原因。在政治上，西汉初年，汉高祖刘邦封同姓齐王刘肥镇守东方，在诸侯国中地位显赫，第二代齐王为刘襄；在经济上，齐鲁地区自然条件优越，手工业极其发达，促进了当地经济的繁荣与发展；在文化上，齐鲁之地为礼仪之邦，文化底蕴深厚；在军事上，汉初齐国拥有强大的军事实力。

就西汉时期而言，国都长安、临淄、丹阳等是重要的铜镜产地。临淄，战国时期为齐国国都，西汉时期亦为五都之一，手工业发达。《史记·燕召公世家》记载："将五都之兵。"司马贞索隐："五都即齐也。按：

临淄是五都之一也。”《汉书·食货志下》记载：新莽时期，“遂于长安及五都立五均官，更名长安东、西市令及洛阳、邯郸、临甾、宛、成都市长皆为五均同市师”。

2013年，在临淄故城范围内的阚家寨遗址第二发掘点，考古学者发掘出一处秦汉时期的铜镜铸造作坊遗址。该遗址位于齐故城大城中部略偏东、齐都镇阚家寨村南部与刘家寨村交界处，以往出土过汉代镜范。此次揭露出与铸镜相关的文化遗迹，包括铸坑、水井、灰坑及房基等（图2-31）。在发现的200余件铸范中，绝大多数为陶范，以铸镜范为主。镜范分为镜面范与背范两类，均为残块。部分镜背范保存有较为清晰的纹饰，包括蟠螭纹、四乳弦纹蟠螭、四乳弦纹连弧、草叶纹，多为西汉早期与中期铜镜上的常见纹饰。在上述镜范中，有部分纹饰与山东境内西汉墓中出土铜镜的纹饰相同或相似，也有一些新出的类型。考古简报整理

图2-26　淄博市临淄区商王墓地出土战国晚期墓错金银青铜盒（翟胜利供图）

图2-27　淄博市临淄区商王墓地战国晚期墓错金银青铜盒盖上的龙纹之一（翟胜利供图）

图2-28　淄博市临淄区商王墓地战国晚期墓错金银青铜盒盖上的龙纹之二（翟胜利供图）

图2-29 淄博西汉齐王墓五号坑大方镜摹本（《海岱朝宗》，第357页）

图2-30 淄博西汉大方镜上的连弧纹

者认为，该区域应是齐故城内的一处铜镜铸造作坊，年代大致为西汉前期，上限或可早到秦或战国末年。此次发掘不仅证明临淄是秦汉时期的铜镜铸造中心之一，还为研究当时的铜镜铸造工艺技术及铜镜产地、流通等问题提供了重要的实物资料。

齐王墓五号器物坑出土大方镜具有重要的学术价值。在题材内容上，大方镜的设计者选择了龙纹作为创作主体，这是中国古代纹饰的重要题材之一。在表现形式上，此镜背面钮座、纹饰及镜缘的制作手法，均为减地平雕加阴线刻，刻画出一条腾空而起的升龙，充满了内在的张力。龙首高昂，身形修长，四肢舞动，双翼飞扬。如果从哲学的角度来看，大方镜反映出的是一种辩证的对立统一，即外直内曲，外方内圆，外刚内柔，外阳内阴，外静内动，外朴内华。镜缘是一种静态的感觉，里面的龙纹是动感十足的风格；镜缘为朴素的内向连弧纹，里面的主体纹饰异常华美，装饰性强。此镜内外充满了矛盾的对立统一，呈现出对比分明、和谐灵动的美感。

图2-31 临淄阚家寨铸镜作坊遗址发掘现场（杨勇供图）

在历史价值方面，齐王墓五号器物坑大方镜体量巨大，独一无二，为目前所见古代铜镜之冠，在中国铜镜史上具有重要地位，为研究古代大型青铜镜、西汉早期历史提供了实物资料。

在科学价值方面，此镜形制甚巨，厚度较薄，纹饰清晰可见，为一次浇铸成型，铸造工艺技术精湛，反映出西汉时期铸造业的高超技术，代表了我国西汉初期制镜业的最高水平，显示出作为铸镜中心之一临淄手工业的发达程度。

在艺术价值方面，此镜主体纹饰为一条腾空升起的神龙形象，其纹饰厚度仅有一毫米，纤毫毕现，纹饰精细，线条流畅，构图完美，细节表现一丝不苟，反映出西汉初期齐地达到了极高的艺术创作水平。

四、中国历史上著名大方镜的文献梳理

以上所述主要是考古发掘出土的铜镜实物资料，我们既要重视地下出土的实物材料，也要寻找文献材料进行比较。在中国历史典籍中有最早记载的此类铜镜是秦代咸阳宫大方镜，这种大方镜说起来挺神奇的，秦始皇那时候用它来照宫人，如果要有二心的话，那就将其杀掉，被后人称作“照胆秦宫”。

根据东晋葛洪《西京杂记》卷三“咸阳宫异宝”条的记载，公元前206年，刘邦率兵攻入咸阳城，亲眼见到了秦始皇的大方镜。“高祖初入咸阳宫，周行库府，金玉珍宝，不可称言。……有方镜，广四尺，高五尺九寸，表里有明，人直来照之，影则倒见。以手扪心而来，则见肠胃五脏，历然无硋。有人疾病在内，则掩心而照之，则知病之所在。又女子有邪心，则胆张心动。秦始皇常以照宫人，胆张心动者则杀之。高祖悉封闭以待项羽，羽并将以东，后不知所在。”至于此镜下落，唐代段成式撰《酉阳杂俎》前集卷一〇《物异》的一段记述也许能够满足后人对神奇方镜去向的好奇心：“秦镜，儛溪古岸石窟有方镜，径丈余，照人五脏。秦皇世号为照骨宝，在无劳县境山。”这一故事流传较广，在隋唐铭文镜上有所体现，如“阿房照胆，仁寿悬宫”“销兵汉殿，照胆秦宫”等镜铭。康殷先生曾经为临淄西汉龙纹大方镜拓本题词：“紫螭光满，鉴形照胆。”后一句“鉴形照胆”，借用的就是秦咸阳宫大方镜的典故。

历史上第二面形制巨大的铜镜是西晋洛阳宫城仁寿殿前的大方镜。因立于仁寿殿前，后世称其为“仁寿镜”。在西晋国都洛阳城位于宫城北部寝殿区内有一座仁寿殿，殿前庭院中立有一面大方镜。《河南志》附有清代庄璟摹本《晋都城图》，从图上来看，仁寿殿位于西晋宫城西北隅，东

邻中轴线上的显阳殿，西邻延休殿（图2-32）。这面大方铜镜形制较大，立于仁寿殿前的庭院之中，让观者印象深刻。历史文献中对此镜有所记述，如《河南志·晋城阙古迹》引《晋宫阁名》及《洛阳宫殿簿》云：仁寿殿，“殿前有大方铜镜，向之，写人形体”。西晋文学家陆机《与弟云书》记载了这面铜镜的尺寸：“仁寿殿前有大方镜，高可五尺馀，广三尺三寸，立着庭中。向之，便写人形体，亦怪事也。”当照镜者站在大方镜前，镜中就能清晰地照出人形，令人称奇。陆氏信中所说“高可五尺余，广三尺三寸”，以晋尺换算，一尺长为24.4厘米，应是高约122厘米，宽约80.5厘米，比山东临淄齐王墓五号坑发现的西汉龙纹镜还要大。有关仁寿镜的典故，后代还在继续使用。如洛阳博物馆收藏有一面直径33.2

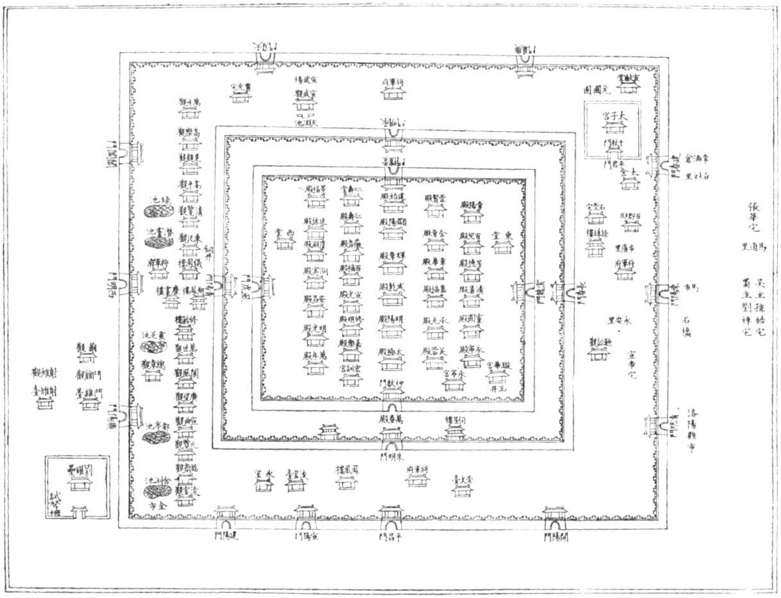

图2-32　西晋洛阳宫城平面复原图（《洛阳涧滨东周城址发掘报告》，《考古学报》1959年2期）

图2-33　洛阳博物馆藏隋淮南起照神兽镜
（洛阳市文物考古研究院供图）

厘米的隋代淮南起照神兽镜，镜背铸有“淮南起照，仁寿传名”铭文（图2-33）。当代人写对联“华堂高悬仁寿镜，雅舍布满吉祥云”，也是借用了仁寿镜的典故。一般人以为仁寿镜是一面小圆镜，可以悬挂起来。实际上，西晋仁寿镜因体量之巨，无法悬挂起来，只能立于西晋洛阳宫城仁寿殿门前。

历史上第三面大方镜是位于隋代江都宫的铜镜屏。炀帝下扬州时，王世充投其所好，铸造了镜屏进献给炀帝。《资治通鉴》卷一八三《隋纪七》云：隋大业十二年（公元616年），炀帝至江都，“江都郡丞王世充献铜镜屏风”。清代《渊鉴类涵》引唐刘仁轨《河洛记》：“隋炀帝喜奢侈，幸江都。王世充献铜镜屏，帝甚喜，擢江都通守。”镜屏即嵌于框内、立于地上的铜镜。宋秦观《寄题赵侯澄轩》诗云：“卷帘几砚成图画，倚槛鬓眉人镜屏。”宋代佚名撰《迷楼记》对炀帝镜屏进行了演绎：“其年，上官时自江外得替回，铸乌铜屏八面，其高五尺，而阔三尺，磨以成鉴，为屏，可环于寝所。”隋炀帝苦心经营的江都宫早已不存，在今天的江苏扬州蜀冈东峰，地势较高，建有一座观音山禅寺，据说这里应是炀帝修筑的迷楼故址。

上述三面文献记载中的大方镜早已不存，只剩下神奇故事还在流传。清华艺术博物馆“禮运东方：山东古代文明精粹”展览中展出的临淄西汉齐王墓五号器物坑出土大方镜，让世人亲眼目睹了祖先的气魄与智慧。中国考古网对此镜的介绍称为“齐王墓青铜方镜”，淄博市博物馆官网和清华艺术博物馆展厅说明牌均称西汉“矩形五钮龙纹铜镜”，其命名是科学、准确的。至于铜镜的命名原则，有时也可以沿袭古人的称谓，所以我在本文中就沿用了西晋陆机的叫法，称其为“大方镜”。

总之，临淄西汉齐王墓五号器物坑出土龙纹大方镜具有重要的历史、科学、艺术价值，为研究中国铜镜史提供了珍贵的实物资料，堪称古代铜镜史上的经典之作。

楚天汉境：

湖南出土战国两汉特种工艺镜解读

为了配合湖南博物院策划、举办的“方圆之境：湖南博物院藏铜镜展”，我选择了一个关于湖南出土铜镜的主题做讲座并写就本文。以前，我读过一些关于湖南地区出土铜镜的书[1]，从而对湖南铜镜充满了好奇心，一直想找机会来现场观摩铜镜实物。到达长沙之后，先到展厅进行了一番观摩（图3-1）。我对策展人说：先熟悉铜镜展厅的文物，给听众讲和写作的时候才有激情，才能和大家产生更多的共鸣。

本文内容主要包括湖南出土战国两汉特种工艺镜详述、湖南特种工艺镜的分类与制作技术、基本特点与学术价值三个部分。此文题目为什么叫“楚天汉境：湖南出土战国两汉特种工艺镜解读”，就是因为展览的名字是“方圆之境”。既然是为了这个展览做讲座和写作，就要有一定的相似度，与之呼应一下，所以叫“楚天汉境”。“楚天”代表的是战国，“汉境”是指两汉时期，“楚天汉境”代指湖南出土战国两汉特种工艺镜。特种工艺镜与一般工艺镜相对，是指运用一些特殊工艺如透雕、鎏金、贴金等技

1 湖南省博物馆编：《湖南出土铜镜图录》，文物出版社，1960年；周世荣：《铜镜图案》，人民美术出版社，1986年；周世荣：《铜镜图案——湖南出土历代铜镜》，湖南美术出版社，1987年；周世荣：《中国铜镜图案集》，上海书店，1995年。

术制成的铜镜，它代表了当时制镜工艺的最高水平。以特种工艺镜作为讲座和写作重点，对于大家参观铜镜展览、了解重要展品具有提纲挈领的意义和作用。

我们将这些铜镜置于考古学的视角之下来观察，可以分为考古发掘品、出土品与传世品三大类，同时紧盯考古发掘品及其背后的历史价值，将镜鉴作为考古遗址或墓葬中的出土器物，进行较为全面而又深入的研究，努力探究镜鉴在古代人们社会生活中所起的作用，由此达到复原古人生活的学术目的。

一、湖南出土战国两汉特种工艺镜详述

这部分是讲座和写作的重点内容，我会结合一些铜镜的高清图及拓本，为大家详细介绍湖南出土战国两汉特种工艺镜的基本情况。以时间为线索，分为战国镜、西汉镜、东汉镜三个单元。

首先，说一下湖南长沙出土的战国特种工艺镜。1953年，长沙月亮山8号战国楚墓出土一面镂空钮蟠螭纹镜（图3-2），在“方圆之境：湖南博物院藏铜镜展”中展出。1960年，周世荣先生在《湖南出土铜镜图录》中首次发表了该镜资料。1953年，长沙子弹库15号战国楚墓也同土了一面类似的镜子，它的品相更好，在湖南博物院举办的“湖南人”基本陈列中展出。这类镂空钮蟠螭纹镜很少见，因为一般的镜钮中间横穿镜鼻，其他部分是实心的，而长沙出土的这两面镜钮却是镂空的，制作工艺特别复杂，所以应该列入特种工艺镜之列，属于广义上的透雕镜。子弹库出土的一面铜镜彩色图片被收入《中国青铜器全集》第十六卷《铜镜》中（图3-3）。

再来看两面长沙战国墓出土的透雕镜。1954年，在长沙北门枫树山

图3-1 湖南博物院“方圆之境”展览主题墙

11号战国楚墓发掘出一面透雕蟠螭纹方镜。据李正光先生记述，同时出土器物还有陶鼎、敦、壶，漆羽觞、盒等。此镜被放在一件彩绘漆盒内，形制为方形，边长13.2厘米，厚约0.25厘米，钮呈弓形，宽平素缘，在边缘的四角嵌以四个银质小泡。镜背为透雕蟠螭纹，在蟠螭纹上也嵌有四个银质小泡。此镜的制作与其他铜镜不同，它的正、背面分作两块，并且是用不同的铜质做成的。铸好后，再将背面嵌入正面背上。八个银质小泡，虽然一方面是为了装饰，另一方面，可能就是起到铆钉固定的作用[1]。

周世荣先生也谈到了此镜当时的出土情况：这面方镜盛放于一件直径20.3厘米的圆形漆镜奁之中，同出器物还有陶壶4件、鼎2件、敦4件，

1 李正光：《略谈长沙出土的战国时代铜镜》，《考古通讯》1957年1期，第102-103页，图版贰拾贰：4。

漆羽觞、残漆片，铜敦片、石璧、发丝[1]。这个漆镜奁的外观是扁圆形的。打开之后有一面方形的透雕镜，平静地沉睡在这个漆镜奁中（图3-4、图3-5）。1959年，该镜被调拨到了中国历史博物馆，即国博前身，现在国博收藏（图3-6）。

这面镜子的重要性在于它是年代较早的透雕镜。什么是透雕镜？它由两块铜片构成，一块铜片比较光洁平整，没有纹饰，作为镜面照容的；另一块铜片是镜背，是镂空透雕带有纹饰的。这面镜子的纹饰保存得不太好，有些地方已经残了，修复起来难度较大。

长沙战国墓出土了两种透雕镜，一种是方形镜，还有一种是1952年长沙黄泥坑84号墓出土的透雕蟠螭纹圆形镜。这面镜子保存得也不好，甚至背面的纹饰已经氧化残碎了，在《湖南出土铜镜图录》中没有发表它的图片。我还是不甘心，到处找，最后发现在《长沙楚墓》考古发掘报告中收录了这座墓的资料："第四类透雕龙纹镜，数量很少。如M38（52长黄M84）所出透雕龙纹圆镜，与陶鬲、陶盂及铁锸、铜剑共存。"编写报告的学者认为

图3-2-1 长沙月亮山8号战国墓出土镂空钮蟠螭纹镜（湖南博物院供图）

图3-2-2 长沙月亮山8号战国墓镂空钮蟠螭纹镜拓本（湖南博物院供图）

图3-3 长沙子弹库15号战国墓镂空钮蟠螭纹镜（《中国青铜器全集·铜镜》，图9）

1 湖南省博物馆编:《湖南出土铜镜图录》，第20页。

图3-4 长沙枫树山11号墓漆镜奁（《湖南省出土铜镜图录》，插图三：上）

图3-5 枫树山11号墓漆镜奁内的铜镜（《湖南省出土铜镜图录》，插图三：下）

图3-6 现藏国博的透雕蟠螭纹镜（国博供图）

它的年代大概是战国早期，此镜是目前发现最早的透雕龙纹镜（图3-7）[1]。虽然保存状况不佳，但是学术价值十分重要。

以上就是长沙四座战国墓出土特种工艺镜的基本情况，有镂空钮蟠螭纹镜与透雕蟠螭纹镜。在全国其他地方，如湖北江陵雨台山10号战国墓出土彩绘方格卷云纹镜（图3-8）、河南信阳长台关1号战国墓彩绘卷云纹镜（图3-9），它们和长沙战国镜有一个共同特点，均出土于战国时期楚国的管辖范围，看来楚国特种工艺镜的制作技术比较发达，除了镂空钮镜、透雕镜以外，还有这种彩绘加漆的镜子，它背面是带漆绘的，色彩鲜艳。也有的时间久了，慢慢变得不像刚出土时色泽鲜亮了。

其次，我们来探讨长沙两座西汉墓出土的特种工艺镜，包括杨家山304号墓、长沙伍家岭211号墓，各出土三面铜镜。1978年7月，为了配合长沙东郊杨家山水果仓库扩建工程，湖南省博物馆长沙火车站文物发掘队清理了一座西汉晚期墓（编号为78长杨M304）。这座墓为

1 湖南省博物馆等：《长沙楚墓》，文物出版社，2000年，第502页。

长方形竖穴土坑墓，墓道位于北端，呈阶梯式。墓室底部东西长5.5米，南北宽3.6米，残深4.08米，在长沙地区汉墓中还是比较大的。葬具早已腐朽无存，随葬器物40余件。其中，西边箱有陶坛、钟、井、灶、泥钱、铜壶、铜钫。北端头箱有陶鼎、铜鼎、铜灯、铜博山炉、两面铜镜等，其一为鎏金铜镜。棺室内有石璧、铁剑、铜五铢钱，一面鎏金铜镜。石璧均在墓主人头部，鎏金铜镜在足端，而铁剑与铜五铢钱位于腰部。棺已经腐朽了，痕迹可以看到[1]。

该墓出土一面四乳四虺镜与两面鎏金博局镜。其中，四乳四虺镜已氧化为黑色，直径13.5厘米（图3-10）。另外两面为鎏金博局镜，其中一面直径13.8厘米。汉代鎏金铜镜在全国汉墓中被发掘出土极少，在一座墓中同时发现两面鎏金镜更是罕见。如何来欣赏铜镜，怎么样来研究铜镜？最好要有考古学的视野，我们看到的镜子可能会更加立体和鲜活。

1　湖南省博物馆：《长沙杨家山304号汉墓清理简报》，《考古》编辑部编：《考古学集刊》1，中国社会科学出版社，1981年，第141页。

图3-7　长沙黄泥坑84号墓透雕蟠螭纹镜（《长沙楚墓》下，彩版三五：5）

图3-8　湖北江陵雨台山10号战国墓彩绘方格卷云纹镜

图3-9　河南信阳长台关1号战国墓彩绘卷云纹镜（图博供图）

图3-10 杨家山304号西汉墓四乳四虺镜（《长沙杨家山304号汉墓清理简报》,《考古学集刊》1，图版贰壹：5）

图3-11 长沙杨家山304号西汉墓鎏金博局镜之一背面与正面（湖南博物院供图）

杨家山304号墓出土的第一面鎏金镜，色泽保存得非常好，看起来金灿灿的，在“湖南人”基本陈列中得以展出（图3-11），也被收入《中国青铜器全集·铜镜》。第二面鎏金镜，镜子背面颜色已经暗淡了，在“方圆之境：湖南博物院藏铜镜展”中展出（图3-12）。仔细看镜背纹饰，细腻繁缛，可看的细节有很多。

1951—1952年，中国科学院考古研究所在湖南长沙城北约四里的伍家岭发掘211号西汉后期墓，这座墓比前面提及的杨家山304号墓更大。墓中出土一面鎏金镜，就是作为国博镇馆之宝的鎏金中国大宁四神博局镜（图3-13），因为上面有“中国大宁”这样的铭文而得名。这面镜子放在棺内，应该是墓主人生前珍爱之物。另外还发现四乳四虺镜、铜华连弧镜各一面（图3-14），都是一般工艺镜[1]。根据长沙伍家岭211号墓地理位置以及墓中出土的一些非同寻常的随葬品来看，墓主人生前具有一定的身份、地位，推测此墓可能是一座西汉后期长沙国官吏夫妇合葬墓。鎏金中国大宁四神博局镜、铜华连弧镜现藏国博，并

1 中国科学院考古研究所：《长沙发掘报告》，科学出版社，1957年，第91、116页。

在“镜里千秋：中国古代铜镜文化”展览中展出。

2017年，国博举办了一个“秦汉文明展”，展出秦汉时期文物数量非常多。展览开始部分陈列的是威武雄壮的秦始皇兵马俑，在展览结尾可以看到出土于长沙伍家岭西汉墓的鎏金中国大宁四神博局镜（图3-15）。为什么这样一面直径只有18.6厘米的小小镜子，与秦兵马俑相比的确是太小，却一定要放在最后作为压轴大戏呢？就是因为这面镜子上铸有“中国大宁”铭文特别重要，所以才能成为名副其实的镇馆之宝，在“秦汉文明展”中作为重头戏。此外，在国博“镜里千秋：中国古代铜镜文化”展厅中，展出了260多面铜镜及相关文物，只给这一面鎏金中国大宁四神博局镜特意制作了3D触摸大屏，由此可见它在国博铜镜中的地位，在中国铜镜史上亦具有重要地位。

在研究这些铜镜的过程中，一位国博的同事问过我：长沙出土这两种镜子的特点是啥？我借用了古人说的八个字：鎏金中国大宁四神博局镜“密不透风”，杨家山304号墓第一面鎏金博局镜“疏可走马”，这就是两种风格。我个人更喜欢极简主义风格，简单明了。将

图3-12 长沙杨家山304号西汉墓鎏金博局镜之二（湖南博物院供图）

图3-13 长沙伍家岭211号西汉墓鎏金中国大宁博局镜（《长沙发掘报告》，图版陆捌：1）

图3-14 长沙伍家岭211号西汉墓铜华连弧镜（《长沙发掘报告》，图版陆柒：3）

图3-15 国博“秦汉文明”展览展出鎏金中国大宁四神博局镜

“密不透风”和“疏可走马”两种截然不同的布局特点生动呈现于这一时期的铜镜纹饰设计上，体现了西汉楚地铜镜艺术创作和审美上的多样性。

最后，谈一下湖南发现的东汉特种工艺镜。我们先围绕长沙黑槽门2号东汉墓出土三面铜镜展开话题。1954年，考古学者在长沙黑槽门发掘2号东汉墓，出土器物有铜镜三面，陶坛四件，博山炉、盘、甑、鍑、盒、铜五铢、碗、杯、铁刀、镜架。1960年，《湖南出土铜镜图录》首次发表了鎏金四神博局镜、贴金博局镜黑白图片[1]。

长沙黑槽门2号东汉墓中发现三面铜镜，其中两面是特种工艺镜。作为“明星展品”，鎏金长宜子孙四神博局在“方圆之境：湖南博物院藏铜镜展”展厅突出位置展出（图3-16、图3-17）。鎏金镜历经近两千年的岁月洗礼，镜背鎏金还是特别光鲜亮丽，令人赞叹。黑槽门2号墓出土的第二面是贴金镜（图3-18），也在“方圆之境：湖南博物院藏铜镜展”中展出。

1954年，北京历史博物馆在故宫午门楼上举办“全国配合基本建设文物考古成果展”，学术前辈沈从文先生在此仔细观摩了黑槽门出土的这两面铜镜（图3-19）。当他看到家乡出土铜镜的时候，我想他的心情是非

1 湖南省博物馆编：《湖南出土铜镜图录》，第89页，图63，东汉鎏金四神博局镜；第90页，图64，东汉贴金博局镜。

常激动的。老人家写下了这样一段话："这次长沙出土柜中新补充的两面西汉末加金镜，一个系薄金片贴上，一个系鎏金，在技术上是重要的，但数量并不多，缺少一般代表性。有一点十分重要，即是出土地依然还在南方，可知加金技术经南方发展是有道理的。"他在后文还补充了这样一句话："长沙这次出土一面鎏金镜，一面贴金镜，贴金镜边沿还另刻细致云纹，和本来的齿状纹不同。"[1]

看了他写的这句话以后，我赶紧把在湖南博物院铜镜展厅拍摄的贴金镜照片电子版找出来，核实一下老人家说得对不对，结果发现他说得真对，看来是经过细致观察的。这面贴金镜，它原来应是一般工艺镜，接近镜缘处铸有锯齿纹。你要看它最上一层贴金的话，将图片放大，可以看到贴金部分和底下的锯齿纹是不一样的，有可能錾刻，就是沈先生说的"细致云纹"。通过讲述这个故事细节，我觉得沈从文先生不仅小说写得好，而且做文物研究也是十分了不起，具有超越常人的敏锐观察力，并将观察到的这一现象及时记录下来。大家在湖南博物院展厅看到黑槽门东汉墓出土的这两面镜子，沈先生当年在北京故宫午门楼上也都看到过，时间跨度却是七十年，让人感慨万端。

另外，长沙市博物馆收藏一面东汉鎏金"三羊作竟"神兽镜，钮座外以四枚乳丁将主区分为四个区域，分别饰有一对神兽，共计八个神兽。接近镜缘处，饰以钱纹、龙虎纹、羽人等，直径22厘米（图3-20）。湖南博物院亦藏一面嵌珠"三羊作竟"神人神兽镜（图3-21），与前者装饰风格近似，其镶嵌工艺值得关注。

1　沈从文：《镜子的故事（下篇）》，《国博名家丛书·沈从文卷》，北京时代华文书局，2022年，第401、410页。

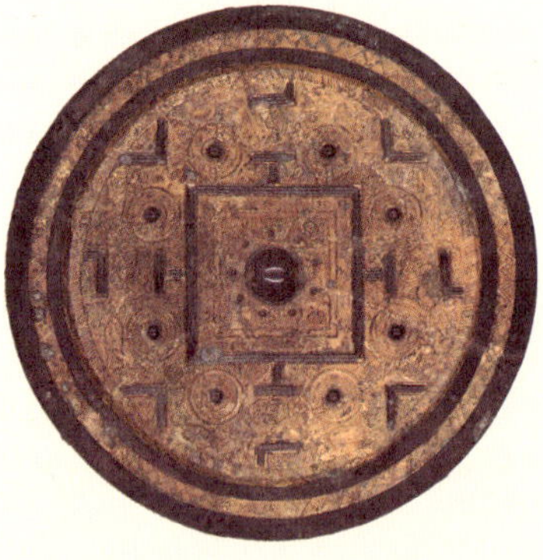

图3-16-1　长沙黑槽门2号东汉墓鎏金长宜子孙四神博局镜（湖南博物院供图）

图3-16-2　长沙黑槽门2号东汉墓鎏金长宜子孙四神博局镜拓本（湖南博物院供图）

图3-17　长沙黑槽门2号东汉墓鎏金长宜子孙四神博局镜局部（湖南博物院供图）

图3-18 长沙黑槽门2号东汉墓贴金博局镜（湖南博物院供图）

图3-19 1959年10月17日沈从文先生在中国历史博物馆新陈列室作说明员（内山嘉吉摄影，《沈从文全集》20《书信》）

二、湖南特种工艺镜的分类与制作技术

关于湖南出土战国两汉特种工艺镜，可以分为透雕镜、鎏金镜、贴金镜、镶嵌镜四类。

第一类为透雕镜，其特点是两块铜片复合而成，面板为光面，作照容之用。背板镂空，加以纹饰，增加铜镜的艺术美感，如长沙北门枫树山11号战国楚墓透雕蟠螭纹方镜，周世荣先生对此镜提出如下看法："镜面与镜背是用两种不同的金属制成，镜面含锡量多，质地坚硬，色泽青黑发漆光，镜背质软，已氧化成灰黄色。"[1]相似的例子有洛阳西工区第一百货公司战国墓出土透雕四龙镜、传洛阳金村战国墓出土透雕四龙镜、湖北江陵张家山战国墓透雕蟠螭纹镜等。

1 湖南省博物馆编：《湖南出土铜镜图录》，第9-10页。

图3-20 长沙市博物馆藏东汉鎏金三羊作竟神兽镜（《楚风汉韵：长沙市博物馆藏镜》，图109）

图3-21 湖南博物院藏东汉嵌珠三羊作竟神人神兽镜（湖南博物院供图）

第二类为鎏金镜，根据《中国冶金简史》的记述，鎏金就是把金汞合剂涂在铜器的表面，经过烘烤，汞蒸发后，金留在了器物表面[1]。目前所见最早的鎏金镜是传洛阳金村战国墓出土鎏金错金银武士斗兽镜，收藏于日本永青文库（图3-22）。

长沙杨家山304号西汉晚期墓的报告整理者吴铭生先生认为，该墓出土两面鎏金博局镜。入土近两千年之久，出土后，其光泽具有金光夺目之感，并无发黑现象。而这种不发黑的现象，正是目前在鎏金工艺上碰到的难题，没有得到妥善解决，因此值得冶金科研部门加以研究。

1978年长沙杨家山304号西汉晚期墓出土两面鎏金博局镜，1952年长沙伍家岭211号西汉墓出土鎏金中国大宁四神博局镜，1954长沙黑槽门2号东汉墓出土鎏金长宜子孙四神博局镜，现在来看，多数鎏金镜还是金灿灿的，说明鎏金质量好，当时的鎏金技术水平还是比较高的。

第三类为贴金镜，就是将金箔贴于镜背之上。黄金属于贵金属，具

1 北京钢铁学院《中国冶金简史》编写小组编：《中国冶金简史》，科学出版社，1978年，第72页。

有良好的延展性，可以捶打得非常薄，贴在镜背上。较早的考古发掘资料是洛阳铁路分局客车技术整备所战国墓出土透雕贴金银箔四兽镜，镜背上不仅贴金箔、银箔，而且还加入了透雕复合工艺（图3-23）。

图3-22 传洛阳金村战国墓鎏金错金银武士斗兽镜（《中国青铜器全集·铜镜》，图33）

1954年，长沙黑槽门2号东汉墓出土贴金博局镜，也就是沈从文先生看到的那面贴金镜，保存状况不佳，但是贴金的颜色还是比较好的。1991年，扬州甘泉乡巴家墩西汉中晚期墓出土贴金银箔云气纹镜（图3-24），与长沙东汉贴金镜的表现形式完全不同。

图3-23 洛阳铁路分局客车技术整备所战国墓透雕贴金银箔四兽镜（洛阳博物馆供图）

第四类为镶嵌镜，传洛阳金村战国墓出土彩绘嵌珠连弧镜是年代较早的镶嵌镜，由于年代久远，珠子无存，只剩下镶嵌的痕迹了（图3-25）。湖南博物院收藏并展出了一面嵌珠三羊作竟神人神兽镜，该院铜镜展览策展人告诉我，经过成分分析检测，这面镜子背面镶嵌的是孔雀石（图3-26），弥足珍贵，因为以往未见过此类铜镜。

三、湖南特种工艺镜的基本特点与学术价值

湖南出土战国两汉特种工艺镜的基本特点有三：一是在铸镜年代上，

图3-24　扬州甘泉乡马家墩西汉墓贴金银箔云气纹镜

图3-25　传洛阳金村战国墓彩绘嵌珠连弧纹镜（《洛镜铜华：洛阳铜镜发现与研究》上册，第80页，图32）

湖南特种工艺镜主要集中在战国、两汉这两个时期，其他时段未见。其中，战国镜四面，透雕蟠螭纹镜两面，方、圆形各一，镂空钮蟠螭纹镜两面。1952年，长沙黄泥坑84号战国早期墓出土透雕蟠螭纹圆形镜，是目前所见年代最早的透雕龙纹镜。西汉鎏金镜三面，东汉镜四面，分别为鎏金镜两面，贴金镜一面，嵌珠镜一面。目前收到的湖南出土战国两汉特种工艺镜资料共计十一面。

二是在出土地域上，发现地点主要分布于长沙地区。例如，战国镜见于月亮山、子弹库、枫树山、黄泥坑；西汉镜出土于杨家山、伍家岭；东汉镜见于黑槽门。

三是特种工艺镜类型多样，品珍质优。分为透雕镜、鎏金镜、贴金镜、镶嵌镜四类。其中，透雕镜有长沙北门枫树山11号战国墓出土蟠螭纹方镜、长沙黄泥坑84号战国墓出土蟠螭纹圆镜；鎏金镜有杨家山304号西汉墓出土博两面博局镜、长沙伍家岭211号西汉墓出土中国大宁四神

图3-26 湖南博物院藏东汉嵌珠三羊作竟神人神兽镜局部（湖南博物院供图）

博局镜、黑槽门2号东汉墓出土长宜子孙四神博局镜；贴金镜有黑槽门2号东汉墓出土博局镜；镶嵌镜有湖南博物院藏嵌珠三羊作竟神人神兽镜。此外，长沙地区汉墓中随葬三面铜镜，内含特种工艺镜，这是值得注意的现象，如杨家山304号西汉墓、长沙伍家岭211号西汉墓、黑槽门2号东汉墓三例。

我再从历史、科学、艺术这三方面总结一下湖南出土战国两汉特种工

图3-27 “方圆之境”展厅

艺镜的学术价值。从历史价值来看，为研究中国古代铜镜史、战国两汉手工业考古提供了重要的实物资料；从科学价值来看，较为复杂的镂空、鎏金、贴金工艺，体现出这一地区战国两汉时期青铜器加工工艺技术已达到了相当高的水平；从艺术价值来看，特种工艺镜色彩艳丽华美，视觉效果好，观赏性强，反映了当时人们的艺术审美与观念（图3-27）。总之，湖南出土战国两汉特种工艺镜在中国铜镜史上具有重要地位。

汉镜上的“中国”铭文

在中国铜镜史上，两汉堪称铸镜巅峰时期。其中，部分汉镜纹饰法天象地，别有意趣，且铭文内容丰富，表现形式多样。本书主要围绕铸有“中国”铭文的三面汉代铜镜略作梳理。

一、三面汉镜的形制与纹饰

三面汉镜的形制均为圆形，圆钮。就其纹饰题材内容而言，前两面铜镜为博局镜，第三面武汉镜为神兽镜，纹饰题材不同。

第一面为鎏金中国大宁四神博局镜，珍藏于国博，定为一级品。1951—1952年，中国科学院考古研究所在湖南省长沙市北郊伍家岭发掘211号西汉后期墓。墓室南北长6.9米，东西宽5.2米，现存深度1.5米，推测原来深约6米。考古人员于墓室西北棺椁范围内清理出这面铜镜。此镜放置在一个直径约25厘米的漆镜奁之中，漆镜奁已朽毁。除了该镜之外，墓室内还出土四乳四虺镜、铜华连弧镜各一面。

由于埋藏地下两千余年，鎏金中国大宁四神博局镜镜体裂为数块，后经今人修复。镜背纹饰构图内方外圆，“内方”是指双线方框，框内为四叶纹钮座。框外围双线弦纹圈、短斜线线圈及铭文带，从而形成“外圆”。弦纹圈内外的T、L、V形纹相互呼应，构成了博局纹的经典图式。其间，

图4-1　国博“秦汉文明”展览展出鎏金中国大宁四神博局镜

图4-2　鎏金中国大宁四神博局镜铭文局部

穿插青龙、白虎、朱雀、玄武四神，人面兽身纹、有翼兽等纹饰。直径18.6厘米，缘厚0.6厘米。镜背鎏金，因埋藏于地下年代久远，故颜色暗淡。2017年，在国博举办的“秦汉文明”展展出了这面铜镜（图4-1、图4-2）。

第二面为鎏金中国大宁四神博局镜，收藏于广西壮族自治区博物馆（以下简称“广西博物馆”，其藏品简称“广西镜”），定为二级品。1958年，此镜出土于广西梧州市低山二号东汉墓。其钮座为四大叶夹四小叶纹，外围凹面方框。框外四面各伸出一T形纹，形成内区，其两侧各饰一禽兽纹。环绕一周铭文带，篆书体阳铭，共计二十八字。铭文带外侧，与T形纹相对的为L形纹，与钮座方框四隅相对的是V形纹。两种纹饰将外区划分为八个小的区域，纹饰左右两侧为四神与其他动物形象组合。外围双线锯齿加凸点纹、短直线纹各一周。镜背呈青绿色，通体鎏金，局部残存鎏金痕迹。保存状况欠佳，裂为大小不一的四块，后经修复完整。直径18.4厘米，厚0.5厘米，缘厚

0.45厘米（图4-3、图4-4、图4-5）。

第三面是源自武汉博物馆藏中国人民五乳神兽画像镜（以下简称“武汉镜”），定为一级品。1972年，此镜于湖北省更生仓库拣选所得；1985年，被武汉市文物商店收购，后入藏武汉博物馆。此镜为圆钮座，四只猛虎两两相峙，绕钮而置。以五枚圆座乳丁将主区划分为五个区域，分别铸以不同纹饰，如羽人戏龙，其长发飘飘；两只带翼瑞兽向前奔跑，后面一兽伸颈回顾；两只翼虎昂首张口，相向而来；独角翼兽与双角翼兽隔钮相对，扭颈回眸。外围一周篆书体阳铭带，共计二十一字，首字与末字之间，以三枚凸点纹相隔。环绕栉齿纹、锯齿纹、变形鸟兽纹各一周，窄素缘。直径18厘米，缘厚0.6厘米，钮径2.8厘米，钮高2.4厘米（图4-6）。

二、三面汉镜上的铭文

以上三面汉镜上均有“中国”篆书体阳铭。其中，前两面镜铭内含“中国大宁”铭文，第三面则有“中国人民”的字样。在镜铭内容、字数多寡、字体

图4-3　广西博物馆藏东汉鎏金中国大宁四神博局镜（广西博物馆供图）

图4-4　广西博物馆藏鎏金中国大宁四神博局镜铭文带（广西博物馆供图）

图4-5　广西博物馆藏鎏金中国大宁四神博局镜上的龙纹（广西博物馆供图）

风格等方面有所差异。

（一）三面镜铭录文与释义

我们先对三面铜镜铭文进行录文，再分析其镜铭中的部分内容。

圣人之作镜兮，取气于五行。生于道康兮，咸有文章。光象日月，其质清刚。以视玉容兮，辟去不羊（祥）。中国大宁，子孙益昌。黄常（裳）元吉，有纪刚（纲）。（国博镜铭）

视容正己镜为右，得气五行有刚（纲）纪，法似于天终复始，中国大宁宜孙子。（广西镜铭）

青盖作镜四夷服，多贺中国人民富，云雨时节五谷熟。（武汉镜铭）

铭文中的“圣人”，不仅是指品德最高尚、智慧最高的人，而且也是古人对帝王的尊称。如《韩非子 · 外储说右下》云：“是以圣人不亲细民，明主不躬小事。”

“光象日月，其质清刚”，意思是铜镜之光如同日月，质地清纯阳刚，来源于西汉昭明镜铭文，其完整文例为：“内（纳）清质以昭明，光煇（辉）象夫日月。心忽穆而愿忠，然壅塞而不泄。”大多昭明镜铭文减省字句，略有变化。1953年，河南洛阳郊区烧沟136A号西汉晚期墓出土的昭明连弧镜，其铭文即为“内清以昭明，光象夫日月，心忽不世（泄）”。

“中国大宁”一词，或演化于《易 · 乾》中的“万国咸宁”。《易 · 乾》载：“《彖》曰：大哉乾元，万物资始，乃统天……首出庶物，万国咸宁。”[1]1975年至1980年，陕西西安汉长安城武库遗址出土八件西汉晚期十二字篆书体阳文瓦当（图4-7），铭文为：“维天降灵，延元万年，天下

1 余敦康：《周易现代解读》，中华书局，2016年，第1页。

康宁。”此铭文表达出与“中国大宁”相似的平安祥和的美好愿望。

“黄常（裳）元吉”，源于《易·坤》：“六五，黄裳元吉。”学者认为，在古人的认知中“黄裳”象征地位尊贵而又具有柔和谦下的美德，大为吉祥[1]。《左传·昭公十二年》则记载了“黄裳元吉”在历史上占卜、阐释的一例，认为“黄裳元吉”卦象虽吉，事实却未必如此：

南蒯枚筮之，遇坤之比曰，“黄裳元吉”，以为大吉也。示子服惠伯，曰：“即欲有事，何如？”惠伯曰：“吾尝学此矣，忠信之事则可，不然，必败。外强内温，忠也；和以率贞，信也，故曰‘黄裳元吉’。黄，中之色也；裳，下之饰也；元，善之长也。中不忠，不得其色；下不共，不得其饰；事不善，不得其极。外内倡和为忠，率事以信为共，供养三德为善，非此三者弗当。且夫易，不可以占险，将何事也？且可饰乎？中美能黄，上美为元，下美则裳，参成可筮。犹有阙也，筮虽吉，未也。[2]

1 余敦康：《周易现代解读》，第21页。

2 杨伯峻：《春秋左传注·昭公十二年》，中华书局，2009年，第1337-1338页。

图4-6 武汉博物馆藏东汉中国人民五乳神兽画像镜（凡国栋供图）

图4-7-1 陕西西安汉长安城武库遗址出土十二字铭文瓦当（《汉长安城武库》，图版四〇：1）

图4-7-2 武库遗址出土十二字铭文瓦当拓本（《汉长安城武库》，第64页，图三三：1）

国博镜中的“纪纲”与广西镜中的“纲纪”含义相同。“纪纲”本义为网罟的纲绳，引伸义为纲领、法度。先秦《五子歌》载：“惟彼陶唐，有此冀方。今失厥道，乱其纪纲，乃底灭亡。”东汉崔瑗《座右铭》载：“世誉不足慕，唯仁为纪纲。”“纲纪”，是指法度、纲常。《汉书·礼乐志二》载，至文帝时，贾谊以为：“夫立君臣，等上下，使纲纪有序，六亲和睦，此非天之所为，人之所设也。”[1]

国博镜与广西镜镜铭在内容上有一些相似之处，如“取气于五行”“以视玉容”“中国大宁”“子孙益昌”“有纪刚（纲）”等。

武汉镜上的“中国人民”铭文，曾经引起世人较大反响。1986年，在武汉市文物商店举办的“珍藏文物首届展览会”上，这面铜镜在展出时就引人注目。有观众惊奇地问：两千年前就有“中国人民”这个词吗？！也有人怀疑“民”这个字铸错了。不过后来经过专家反复研究，没有发现疑点。

铭文中的“中国人民”一词看似现代词汇，实际在西汉司马迁《史记·货殖列传》中已经出现：“夫山西饶材、竹、谷、纑、旄、玉石；山东多鱼、盐、漆、丝、声色；江南出柟、梓、姜、桂、金、锡、连、丹沙、犀、玳瑁、珠玑、齿革；龙门、碣石北多马、牛、羊、旃裘、筋角；铜、铁则千里往往山出棋置：此其大较也。皆中国人民所喜好，谣俗被服饮食奉生送死之具也。”[2]文中的“人民”，是指平民、百姓。

1　逯钦立辑校：《先秦汉魏晋南北朝诗·先秦诗卷一·歌上》，中华书局，2013年，第5页；(梁)萧统编、(唐)李善注：《文选》卷五六《铭》，中华书局，2005年，第770页；《汉书》卷二二《礼乐志二》，中华书局，1990年，第1030页。

2　《史记》卷一二九《货殖列传》，中华书局，1975年，第3253-3254页。

图4-8-1 陕西宝鸡出土何尊（《宅兹中国：宝鸡出土青铜器与金文精华》，第178页）

图4-8-2 何尊内底铭文拓本（《宅兹中国：宝鸡出土青铜器与金文精华》，第181页）

（二）“中国”镜铭与秦汉大一统

最早发现于西周青铜器何尊上的“中国”铭文，本义是指国都洛邑，后泛指中原地区。1963年，陕西省宝鸡县贾村原公社贾村大队第二小队社员在崖上取土时发现一件西周早期青铜尊（图4-8）；大约在1975年，对其内底除锈时发现了一篇铭文，其中有“宅兹中或（国）”字样。马承源先生认为：这篇铭文中的“中国”，“是指天下四方的中心地区，也就是伊、洛之间的洛邑”[1]。

到了汉代，“中国”一词的引伸义已大大突破原有含义。例如，《汉书·武帝纪》记载，元朔六年（公元前123年）六月，武帝诏曰：“朕闻五帝不相复礼，三代不同法，所繇殊路而建德一也。盖孔子对定公以徕远，哀公以论臣，景公以节用，非期不同，所急异务也。今中国一统而北边未安，朕甚悼之。”而《汉书·王莽传上》则记载：“莽念中国已平，唯

1 马承源：《何尊铭文初释》，《文物》1976年1期。

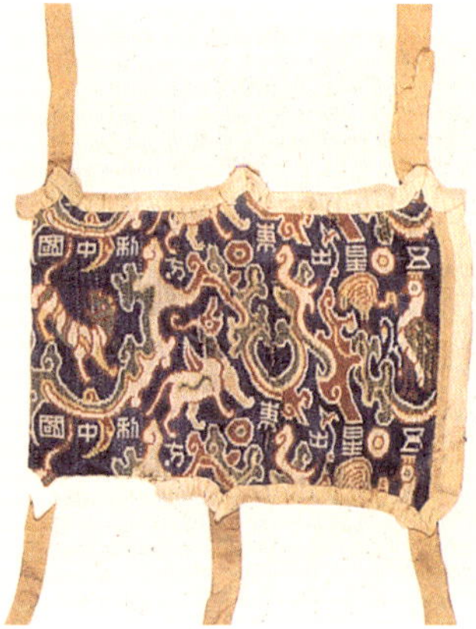

图4-9 新疆民丰尼雅遗址1号墓地8号墓出土锦护臂（《新疆民丰县尼雅遗址95MN1号墓地M8发掘简报》，《文物》2000年1期，第24页，图四九）

图4-10 新疆民丰尼雅遗址1号墓地8号墓出土锦护臂局部（《丝路瑰宝：新疆馆藏文物精品图录》，第205页）

四夷未有异，乃遣使者赍黄金币帛，重赂匈奴单于。”[1]这两条文献资料中所说的“中国”，其义应该包括了当时汉代政府所管辖的地域范围。

本书所记三面铜镜上均有“中国”铭文，国博镜与广西镜为考古发掘品，出土地点明确，分别为湖南长沙、广西梧州。而武汉镜为传世品，出土时地不详。但是武汉镜属于神兽镜，东汉中晚期主要流行于南方地区，由此推测三面铜镜或均为南方所铸，这也反映出两汉时期中原北方地区文化对南方的影响。

上述三面铜镜出自南方，另有一件带有“中国”字样的织锦护臂源于地处大西北的新疆。1995年，在新疆民丰县尼雅1号墓地8号墓发掘出一件织锦护臂，上面的篆字是“五星出东方利中国”（图4-9、图4-10）。考察该墓的年代为东汉末至魏晋前凉时期，更准确地说，当在魏晋前凉时

1 《汉书》卷六《武帝纪》，第173页；《汉书》卷九九上《王莽传上》，第4051页。

期，其来龙去脉以及文化内涵值得学者进一步探讨。

由此可见，秦汉以来“中国”大一统的观念早已深入人心，在作为生活器具的铜镜上也有所反映。正如考古学家徐苹芳先生所言：“考古学的发现也充分说明了中国的统一肇始于秦完成于汉。最能代表汉文化的遗物是钱币、人们日常佩用的铜镜和建筑物上的瓦当。”

（三）三面汉镜铭文书法的表现形式

三面汉镜铭文书法的表现形式，可以说是同中有异、异中有同。

其一，在布局上，因为三面汉镜均为圆形，铭文布局随形就势，均为圈带式分布，呈顺时针方向排列，铭文带的位置略有不同，国博镜铭文位于镜背纹饰中的最外圈，铭文带的空间较大，字数达到五十二字。广西镜铭文带处于内外区之间的分界线上，其空间较小，仅铸二十八字。其间以圆圈纹相隔，自然形成四句。武汉镜铭文带在主区纹饰与边饰之间，字数较少，仅有二十一字，铭文易于安排，字距疏朗。上述三面汉镜铭文分布井然有序、均衡匀称，字间距疏密有致，可知是当时经过精心设计。

其二，在结体上，细察镜铭的单字结构，国博镜铭文结体一般较为方正。若有笔画繁者，则结构纵长，如“气”“道康”“质”等字；若笔画简者，则字形扁平，如“兮”字，体现出灵活多变的特点。广西镜铭字体结构大多略显纵长，武汉镜铭清峻、飘逸。

其三，在用笔上，国博镜铭大多笔画平直，多用方笔，偶见圆笔，呈现出阳刚之美；广西镜铭笔画均匀、圆转温婉，使用圆笔较多，起笔与收笔大多露锋；武汉镜铭笔画则精致纤细、收笔露锋，尽显阴柔之美。

（四）西汉晚期至新莽时期博局镜的盛行及原因

在上述三面铜镜中，有两面为四神博局镜。关于此类镜子开始出现的时间，有必要做一探讨。

1959年，《洛阳烧沟汉墓》发掘报告整理者认为，四神博局镜的最早出现或许在王莽之前，最盛期应是王莽时，其下限一直可能到东汉中叶。几何纹博局镜是从四神博局镜演化而来的，它的年代应在王莽时或东汉初。

1996年，洛阳市车站公安分局宿舍楼267号新莽墓出土的西汉永始二年（公元前15年）四神博局镜证实，西汉晚期已出现四神博局镜。经笔者考证，这是目前中国考古发现最早的纪年镜。

上海博物馆藏两面博局镜上之铸铭，均记述了西汉晚期王莽营建辟雍、明堂一事。一面为四神博局镜，铭文为："新兴辟雍建明堂，然于举土列侯王，子孙复具治中央。"另一面为几何纹简化博局镜，铭文云："新兴辟雄（雍）建明堂，然于举土列侯王，将军令尹民户行，诸王万舍在北方，乐未央。"历史上的王莽建明堂、辟雍一事，在文献中亦有反映。《汉书·平帝纪》记载：元始四年（公元4年），"安汉公奏立明堂、辟雍"。《汉书·王莽传》亦有类似记载：元始四年，"是岁，莽奏起明堂、辟雍、灵台，为学者筑舍万区，作市、常满仓，制度甚盛"。结合文献所记内容，推测上海博物馆藏两面博局镜的年代上限应是西汉平帝元始四年。明堂、辟雍均为西汉重要的礼制建筑，位于陕西西安汉长安城遗址南郊。1956年，考古学者对西安大土门村北发现的西汉建筑遗址做了大面积发掘，从而进一步了解了其建筑布局及其结构。建筑史家杨鸿勋先生认为，西汉的明堂与辟雍是一体的，所以称其为"西汉明堂（辟雍）遗址"。如果将博局镜拓本与明堂、辟雍复原平面图相比较，就会发现，两者的平面布局极其相似，均为外圆内方。

有学者认为，国博藏鎏金中国大宁四神博局镜的铸造年代应在西汉元始五年（公元5年）五月之前，并将这一镜铭与王太后的诏书进行比较和解读："看了这篇文字，就会使人联想到平帝元始五年（五月太皇太后王氏在诏书中对王莽的赞颂。将两者作一对比就会发现，其间有许多惊人的相似之处……通过上述对比可以看到，两者在主要点上是一致的，这就说明这件铜镜的制作与诏书的形成是有联系的……这件铜镜应是他争取'九锡'而造舆论之作，但不是他这位'圣人'手制，而是授意之作；时间应在元始五年五月之前的平帝时期。"[1]

图4-11 国博藏新莽一刀平五千（国博供图）

江苏扬州汉墓出土一面今名之纪四神博局镜，其铸造年代上限应是在西汉孺子居摄二年（公元7年）。其镜铭内容罕见："今名之纪七言止，湅治（冶）铜华去恶宰（滓），铸成错刀天下喜，安汉保真世母（毋）有，长乐日进宜孙子。"镜铭"铸成错刀天下喜"中的"错刀"是指西汉居摄二年王莽摄政之后铸行的大面额金属货币一刀平五千（图4-11）。《汉书·王莽传上》载：居摄二年，"五月，更造货：错刀，一直五千；契刀，一直五百；大钱，一直五十，与五铢钱并行。""安汉保真世母（毋）有"中的"安汉"是指安汉公王莽。西汉元始元年正月，太后乃下诏曰："大司马新都侯莽三世为公，……以莽为太傅，干四辅之事，号曰安汉公。以故萧相国甲第为安汉公第，定著于令，传之无穷。"[2]根据文献所记金错刀

1 马良民：《西汉镜铭中的史影》，《汉代考古与汉文化国际学术研讨会论文集》，齐鲁书社，2006年，第358-359页。

2 《汉书》卷九九上《王莽传上》，第4087页。

的铸行年代，可以推测出这面铜镜铸造的大致年代。

国博收藏有一面新莽始建国二年（公元10年）瑞兽博局镜，直径16.1厘米。铭文云："唯始建国二年新家尊，诏书数下大多恩。贾人事市，不躬啬田。更作辟雍治校官，五谷成敦（熟）天下安。有知之士得蒙恩，宜官秩，葆子子孙。"铭文中也提到了西汉晚期营建的重要礼制建筑辟雍。

上海博物馆藏新莽始建国天凤二年（公元15年）四神博局镜，直径16.6厘米。铭文为："始建国天凤二年作好镜，常乐贵富庄君上，长保二亲及妻子，为吏高迁位公卿，世世封传于母（毋）穷。"

国博收藏一面新莽时期新有善铜四神博局镜，直径20.5厘米。主区纹饰之外有一周铭文带，为四十九字篆书体阳铭：

新有善铜出丹阳，和以银锡清且明，左龙右虎□□□，朱爵（雀）玄武顺阴阳，□子九□治中央，刻娄（镂）博局去不羊（祥），家常大富宜君王。

1987年，有学者根据中国历史博物馆藏一幅铜镜拓本上的铭文"刻娄博局去不羊（祥）"一句认为，以往称为规矩镜的铜镜，应改名为"博局镜"。其撰文说："笔者最近整理中国历史博物馆旧藏铜镜拓本时，发现一种新莽时期的'四神规矩镜'（共有两纸），便是这种能够证实以上诸同志论点的有力的证据。"但其未谈到铜镜实物藏于何处[1]。笔者将上述铜镜实物图片与周铮先生发表的拓本仔细比对，可以看出应该是同一面镜子，二者大小相同，直径均为20.5厘米；从铜镜纹饰来看，无论是位于主区的博局纹、四神与禽兽组合形象，还是镜缘上的云气纹，皆完全相同；另外，从四十九字的镜铭来看，不仅整体布局一致，而且单字铭文的结体、用笔均完全相同。笔者认为，以往认为仅存镜拓、实物下落不明的博局

1 周铮：《"规矩镜"应改称"博局镜"》，《考古》1987年12期。

镜，亦收藏于国博。

以上我们共列举八面具有西汉晚期至新莽时期典型特征的博局镜，主要想说明，这一时期是博局镜流行的鼎盛期，其中一些镜铭记述了与王莽相关的名实。对于博局镜盛行的现象，孔祥星等先生曾经提出这样的疑问：“日用品铜镜背面为什么要用游戏（器）具陆博上的格局呢？这就不好解释了。应该说陆博与铜镜上同时出现的规矩纹，恰好说明这种纹饰自有其意义，代表着当时流行的某种观念，所以才会在人们日常生活中较多地表现出来。”[1]

那么，“当时流行的某种观念”究竟是什么呢？根据学者研究，西汉晚期至新莽时期，王莽出于政治需要，以西王母来比附王太后，从而大力倡导西王母崇拜，而具有世俗与宗教双重属性的博局镜，则成为西王母祭祀活动中的重要工具[2]。由此推断，博局镜在当时的盛行，是与这一时期的封建王朝统治阶层竭力提倡西王母崇拜密切相关的。

三、小结

从1963年陕西宝鸡发现西周青铜器何尊上的铭文“宅兹中国”，到本文重点记述三面汉镜上的“中国”铭文，不同时代的古代先人们就是这样运用不同方式，在不同载体上，塑造着古人共有的“理想中国”。

从文化意义上来说，古代中国是一个相当稳定的“文化共同体”。而当我们将目光由古代转移到当代时，其实我们每个人心里都有一个独特的“中国”形象，有着一份植根于内心深处浓郁的“中国”情结。

1 孔祥星、刘一曼：《中国古代铜镜》，文物出版社，1984年，第83页。

2 马非百：《管子轻重篇新诠》，中华书局，1979年，第22页；唐宇：《新莽时期六博图像探微》，《中国国家博物馆馆刊》2018年11期。

考古学视野下的铜镜鉴赏

2021年是中国考古学诞生一百周年。回顾一个世纪以来中国考古学的发展历程，有关镜鉴学的田野发掘资料逐渐丰富，研究成果与日俱增。下面要说的两大铜镜展览中，就展出了一些考古发掘品。

一、铜镜鉴赏研究的概念界定

2020年11月24日，由中国国家博物馆主办的“镜里千秋：中国古代铜镜文化”展览开幕，展出馆藏铜镜及相关文物260多件（套）；2021年4月22日，由清华大学艺术博物馆主办的“万物毕照：中国古代铜镜文化与艺术”展览开幕，展出铜镜400余面。在两大铜镜展览中，各展出铜镜考古发掘品30多面。这些考古发掘品中的一小部分，是本书重点关注的对象。

这里我再谈一下铜镜鉴赏的概念界定。铜镜鉴赏与研究，在我国拥有悠久的传统。宋代金石学盛行，那时候就有关于铜镜的鉴赏及研究。

但是，当时人们的研究，和我们现在从考古学角度对铜镜进行探讨，不是一种路径。那么，考古学视野下的铜镜研究和金石学视野下的铜镜探索，两者有什么区别呢？简单来说，前者的研究，既要见“树木”，又要见“森林”；而后者的研究则是只见“树木”，不见“森林”，更多的是就镜子说镜子。例如，金石学著作中有一类书是镜谱，它们著录了一些古代铜镜资料，要么是摹本，要么是拓本，再记录一下镜铭，最多有一些简单的说明。与其相比，考古学的研究方法是完全不一样的。所谓考古学视野，是将镜鉴作为遗址或墓葬中的出土器物，进行较为全面而又深入的研究。不是孤立、片面、单纯地仅对镜鉴本身做研究，需要结合当时的社会生活背景，尽可能复原镜鉴在古代人们生活场景中的位置以及所起的作用，由此达到“透物见人”的目的。

图5-1　1934年安阳侯家庄1005号商代墓平行线纹镜（《中研院历史语言研究所集刊论文类编·考古编二》）

二、部分铜镜考古发掘品鉴赏

图5-1所示是1934年由考古学家梁思永先生在河南安阳侯家庄主持发掘1005号商代墓中出土的铜镜。当这件器物发掘出来以后，梁先生指出这是铜镜，但是学术界还有一种意见，认为它只是“圆板具钮铜器”，不能确定其为铜镜。学界通常有一种说法叫“孤证不立”。若只有一个例子，是无法证明它是铜镜的。关于这件器物到底是什么，后来也争论了很久[1]，直到1976年，考古工作者在河南安阳小屯殷墟妇好墓又发掘出四面铜镜（图5-2）。有了这四面铜镜作为旁证，两者比对，大家这才相信，之前安阳侯家庄1005号商代墓中发现的那件铜器确实是镜子。

1　高去寻:《殷代的一面铜镜及其相关之问题》，原载《历史语言研究所集刊》第二十九本(下)，1958年；后收入《中研院历史语言研究所集刊论文类编(考古编二)》，中华书局，2009年，第1337-1374页。

图5-2 国博“古代中国”基本陈列展出安阳殷墟妇好墓铜镜

商代铜镜出土数量很少，安阳殷墟发掘已有九十多年，到目前为止，总共出土了六面铜镜，除了妇好墓出土的四面，再加上侯家庄1005号商代墓中的一面，另有一座规模较小的商代墓里也出过一面。

1988年，山西太原南郊金胜村西发掘出春秋晚期赵卿墓，出土一面蟠螭纹镜（图5-3）。这座墓出土的随葬器物有3421件。其中，青铜器1402件，金器11件，玉石器297件，木器479件，骨角器551件。全国各地发掘战国墓数量不少，出土文物相对较多，保存完整、等级较高的春秋大墓的发现却很少见，因此，这座墓葬显得异常重要。该墓主人之所以能够得到确认，是因为出土的铜器中有一件铜戈，上面有“赵明之御戈”的铭文，考古学者经过考证，认为这个赵明就是赵孟，即赵鞅（赵简子），是春秋时期晋国握有实权的上大夫[1]。

我们再介绍一下镜模。图5-4所示是一件战国早期蟠螭纹镜的陶模，2003年出土于山西侯马白店铸铜遗址。从铜镜制作工艺流程来说，铸造铜镜需要镜模，工匠要用镜模来翻范，再把熔化的铜液浇入范中，用范来

1 山西省考古研究所等:《太原晋国赵卿墓》，文物出版社，1996年。

铸造铜镜。为了保证铜镜成品的质量，就需要翻范的镜模必须特别精细。如果我们仔细观察这件镜模，就会发现它的纹饰构图层次分明，主纹与地纹细腻精致，其繁复华美的程度超出我们的想象，能让人真正体会到什么是伟大的工匠精神。

出土这件镜模的地方，位于山西省侯马市白店村西北，是一处晋国铸铜遗址，考古人员在当地仅发掘了200多平方米，却清理出3000多件器物陶模和陶范，足见这个地方在当时的重要程度。它从春秋晚期一直延续到了战国早期。有学者提出，白店铸铜遗址应该是晋国官营手工业作坊遗址，属于侯马晋国铸铜遗址的重要组成部分[1]。

如果我们现在回过头来再来看上述几件器物，它们在大家心目中的形象可能就不一样了，为什么呢？因为在看似平淡无奇的铜镜与陶镜模背后，已经揭示出一些生动、有趣的故事，留存在您的记忆中了。

咱们再来看一面六山“镜王”，这是2011年安徽六安白鹭洲566号战国墓出土的六山镜（图5-5）。海内外发现的六山镜十多面。这

图5-3-1　太原金胜村春秋晚期赵卿墓蟠螭纹镜

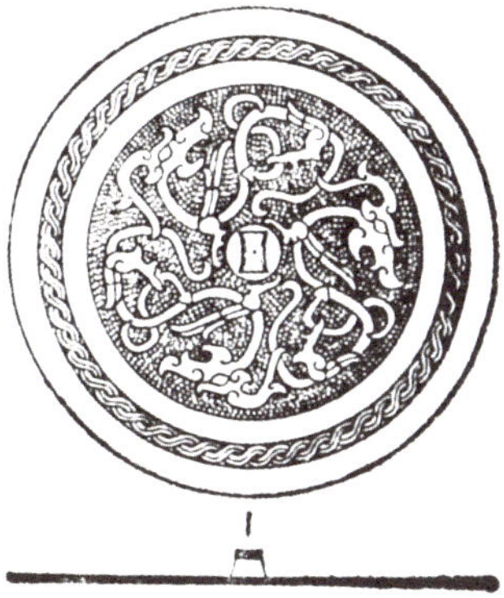

图5-3-2　春秋晚期赵卿墓蟠螭纹镜线描图（《太原晋国赵卿墓》，第136页，图六八：10）

图5-4　侯马白店战国早期蟠螭纹镜陶模（《侯马白店铸铜遗址》，图版三〇）

1　山西省考古研究所：《侯马白店铸铜遗址》，科学出版社，2012年。

图5-5　六安白鹭洲566号战国墓六山镜

图5-6　云梦睡虎地墓9号秦代墓武士斗兽镜（国博供图）

面六山镜的直径达到了27厘米，是目前所见最大的六山镜，具有重要的学术价值。

按照出土这面铜镜的墓葬考古简报所说，该墓出土随葬器物129件，推测墓主人的身份应该不低于大夫级，年代应是战国中期或者中晚期。本来讲六山镜的故事也就到此为止了，但是在随后查阅相关论文的过程中，我找到了关于这座墓的最新研究成果。当初的考古简报只是说墓主人的身份不低于大夫级，未谈到性别。根据《人类学学报》发表的论文来看，这位墓主人是一位女性，墓主人的年龄在35岁到39岁之间。她的头骨保存得非常好，甚至发髻、发簪都很完整。研究者认为她是战国时期楚国的贵族女性，并依据已经掌握的信息，对墓主人的容貌作出了复原图。现在，我们就可以将这面“镜王”与墓主人结合在一起了——这种感觉有点“穿越”的意味，可以想象一下，墓主人活着的时候，时常面对着这面直径27厘米的铜镜梳妆打扮，两千多年前这面镜子中映照出的这位贵族女性，又有着怎样的一段传奇呢，这可能更适合小说家去继续延伸想象吧。

以上讲的内容是先秦时期的铜镜，接下来咱们讲秦汉时期。秦代时

图5-7 徐州狮子山西汉楚王陵方花凤鸟镜

间比较短，目前发掘出来的秦墓数量相对较少，出土的铜镜就更少了。图5-6所示是1975—1976年湖北云梦睡虎地9号秦代墓出土的武士斗兽镜。

这座墓是秦统一六国之后的墓葬，一共出土了60多件器物。其中，有一面武士斗兽镜。以往的观点认为，铜镜背面刻画的是两位武士和两只豹子在搏斗。经过较长时间的观察思考，我认为还有另外一种解读方式。这面镜背图像可以理解为是一位武士和一只豹子搏斗的两组画面。第一组画面是豹子向武士进攻，而第二组画面则是豹子被武士打败了。因为两组图中的豹子尾巴方向是不同的，尾巴是豹子的弱处，在第二组图中，豹子将尾巴暴露在与之对抗的武士面前，这一肢体语言说明它已经处于劣势，马上就要逃走了。镜背上的两组武士与动物形象，是采用连续的构图方式创作出的叙事性图像，很像我们小时候读的连环画。此镜不仅是目前考古发现中我国最早的人物镜，而且也是最早具有叙事特点的铜镜。

接下来我们进入汉代铜镜的世界。图5-7所示是一面汉代方花凤鸟镜，1995年出土于徐州狮子山西汉楚王陵。徐州这个地方，在西汉时是楚王的封地。这种镜子，有学者称之为方花凤鸟镜，也有学者称之为四叶凤鸟镜，四叶之外各有一只双翅展开飞翔的鸟。

这面铜镜来自西汉楚王陵。该陵墓总共出土了40多面铜镜，主要发现于西一侧室中，大多数为蟠螭纹镜。这座墓是怎么发现的呢？1984年，在徐州东郊狮子山西侧，发现了六个西汉早期兵马俑坑，清理出四千多个小型兵马俑。当时，徐州的考古学家王恺先生根据这个情况就开始猜想，既然有汉兵马俑坑，那附近肯定有王陵。于是，他花费六年时间，跟多家单位合作，三次找墓，动用了十多种先进仪器，在狮子山上找了个遍，但是也没找到这座王陵。运用先进技术，找不到墓怎么办？对于我们考古工作者来说，还有一种土办法，那就是走访调查，找狮子山村的村民聊天。结果在走访过程中，就有一位村民提供了线索，他说当地有一位村民老张曾经在狮子山上挖过红薯窖。王恺先生一听，就觉得这事有希望了，因为当地村民挖红薯窖，需要从地面向下挖出个窖穴，用来储藏红薯，而狮子山是一座石头山，如果是为了几个红薯窖就开山凿石，那个工程量就太大了。村民老张能挖出红薯窖，说明他在那里挖的很可能是土，而不是石头。那么，这些土为什么会出现在一座石头山上呢？很可能它们是古代的人工施工产物。于是，他们就去找村民老张，找到老地方，尝试一挖，果然挖出来的不是石头而是土，这下可算找到有用的线索了，考古人员把这个地方的老房子买下来，继续跟踪追击，最终发现了楚王陵的墓道。接下来就是申报发掘项目，办理考古发掘前的各种手续。在发掘过程中，大家发现这个墓道难以清理，因为里面全是长方形的塞石，把墓道塞得严严实实的。考古队员想尽办法把墓道清理干净，楚王陵显出了它的真身（图

图5-8 徐州狮子山楚王陵发掘现场（《狮子山楚王陵》，第13页）

5-8）。虽然最后发现这个王陵已经在很久之前被盗了，但是仍有四间耳室未被盗掘，保存完好。这座墓出土了近2000件（套）文物，钱币也有十几万枚[1]。所以，我们在欣赏楚王陵的这面铜镜时，也进一步了解了它的出土来历，这面铜镜给人的感觉就不一样了，它的内涵变得更加丰富了，各位朋友能够在展厅亲眼见到此镜，是经历了怎样的曲折。

我再向大家介绍一面国博铜镜展览中的“明星展品”，这就是1951—1952年湖南长沙伍家岭211号西汉墓出土的鎏金中国大宁四神博局镜（图5-9）。为什么它重要呢？主要基于纹饰构图、铭文内容、鎏金工艺三个方面的特殊性。由此看来，这面鎏金“中国大宁”四神博局镜被选定为“明星展品”，的确当之无愧。

1 王恺：《叩开楚王陵：我的考古之路》，文物出版社，2014年，第12-40页。

图5-9　长沙伍家岭211号西汉墓鎏金中国大宁博局镜局部

图5-10　鄂城五里墩墓地4037号三国孙吴墓四叶八凤佛兽镜

还有一面铜镜的纹饰题材较为少见。1975年，湖北鄂城五里墩墓地4037号三国孙吴墓出土一面四叶八凤佛兽镜（图5-10）。虽然它看着有点残破，但是它的镜背有值得注意的细节。如果观众仔细看的话，会发现镜钮四面各有一尊佛像。其中三尊像的坐姿是一样的，即佛教中所说的结跏趺坐，另有一尊像为侧坐，呈半跏思维状。这是一面难得一见的佛教题材的三国铜镜。

三、铜镜研究中考古学方法的运用

这里我重点讨论一下“考古情景分析”。许永杰先生发表过一篇论文《中国考古学研究中的情境分析》，文中谈到“情境分析”这种研究方法，我国考古学界很早就已经开始运用这种方法了。令人遗憾的是，我们未能将它上升到理论的高度，后来英国考古学者提出了一个概念叫作“情境考古学”。

我也是在学习了情境分析方法相关内容之后，觉得如果要将这种方法应用于铜镜研究领域的话，就是要把一面孤立的铜镜发掘品，重新回归到原始的出土环境当中，再将铜镜与墓主人进行有效的关联，尽可能补齐各种信息，最终形成一个完整的数据链。到了这个程度，这项研究可能才算结束。在这次讲座的前期准备阶段，我也逐渐产生了一种强烈的愿望，那就是一定要树立“文物考古研究的整体观”。

举例来说，当我们看到之前提到的六山“镜王”时，面对展品说明牌上简单的考古信息，应该按图索骥，寻找作为第一手材料的考古发掘简报，通过简报再去找寻墓主人的相关信息，进而找到其容貌复原等最新研究成果。总之，就是以铜镜作为切入点，由镜至墓，由墓到人，落脚点是当时人所创造的历史文化，最终实现考古学家所说“以物论史，透物见人”的目标。

卷二 跃龙

躍·龍

跃龙在渊：

中国国家博物馆藏铜镜上的龙纹品鉴

《易·乾》云："九四，或跃在渊，无咎。"作为华夏文物收藏之渊薮，国博馆藏古代铜镜数量巨大，包括考古发掘品、出土品、传世品，以后者占绝大多数。笔者曾经总结出国博铜镜的三大特点：一是时代蝉联，自成体系；二是发掘品精，工艺上乘；三是题材广泛，形制多样。

国博馆藏与龙相关的铜镜，大致可以分为四类：第一类是以龙纹的鲜明形象作为主体纹饰，第二类是以龙纹作为组合纹饰之一，第三类是以龙纹作为辅助纹饰，第四类是镜背上看不到龙的形象，却是反映与龙相关的传说故事。

今选择国博馆藏部分与龙相关铜镜，结合目前国博相关展览展品，按照上述分类，记述其形制、纹饰等基本信息，总结不同类型铜镜上的龙纹特点，并以图文并茂的形式呈现出来，以充分展示国博馆藏铜镜上神龙形象的艺术魅力。

第一类：以龙纹作为主体纹饰的铜镜

这一类铜镜数量占有一定比例，如战国三龙镜、东汉盘龙镜与双龙镜、唐代与辽代盘龙镜、明代盘龙镜等。

国博“古代中国”基本陈列展出一面战国三龙十六连弧镜，以镜钮为中心，环绕钮座等距分布三条龙纹。龙首回顾，头上长角，龙口大张，身形弯曲，龙尾飘逸内卷。另有一面三龙镜，龙纹姿态夸张变形，富于动感，在国博“镜里千秋：中国古代铜镜文化”（以下简称“镜里千秋”）展览展出（图6-1）。

图6-1 “镜里千秋”展览展出战国三龙镜

有一些战国蟠螭纹镜纹饰以密集的细线来表现，不易辨识。值得称道的是1976年湖北江陵县张家山201号战国晚期楚墓出土的透雕蟠螭纹镜，镜背纹饰构图呈十字对称，包括四组两两相对的蟠螭纹（图6-2）。此镜相继在“古代中国”基本陈列、“镜里千秋”展览展出。

图6-2 “古代中国”基本陈列展出战国透雕蟠螭纹镜

国博藏东汉盘龙镜属于典型的龙纹镜。在其镜背之上，有一条盘龙环绕镜钮，表现的是侧面形象。龙体呈C形，看上去好像是龙的部分身躯被压在镜钮之下，仅露出龙爪、卷尾（图6-3）。还有一面东汉赵氏作双龙镜，双龙首尾相接，绕钮座一周，呈逆时针方向排列。龙体皆为S形，钮上方铸“赵氏作”三字隶书体阳铭（图6-4）。

图6-3 国博藏东汉盘龙镜（国博供图）

这两面龙纹镜均为传统的圈带式构图。

图6-4 国博藏东汉赵氏作双龙镜（国博供图）

龙纹为浅浮雕，充分运用线条的表现力，来展示盘龙的形象。东汉晚期，流行将主区纹饰与镜钮融为一体的设计理念，常见于盘龙镜、龙虎镜、飞鸟镜上，成为此时铜镜设计的一个显著特点。《说文·龙部》云："龙，鳞虫之长，能幽能明，能细能巨，能短能长，春分而登天，秋分而潜渊。"所以，在两汉时期镜背上呈现出来的龙纹形态各异、不拘一格。作为龙纹镜发展史上的重要一环，东汉盘龙镜将以单龙作为主体纹饰的表现形式发扬光大，其上承西汉龙纹大方镜，下启唐代盘龙镜，后来宋辽金、元明清龙纹镜已呈衰减之势。随着时间的推移，龙纹镜不断变化，逐渐形成了一个完整的发展链条。

盘龙镜也是唐代龙纹镜具有代表性的镜类。国博不仅收藏有直径达到31.6厘米的大型盘龙镜（图6-5），而且还有目前仅见一面的螺钿盘龙镜珍品，1957年于河南三门峡市区工地1914号燕圣武元年（公元756年）墓出土。镜背是一条盘龙环绕镜钮，呈顺时针方向。龙首五官刻画细腻，四肢分布协调均衡，堪称镜中珍品。"镜里千秋"展览展出了此镜的复制品（图6-6）。

还有一面李彦河先生捐赠的盘龙镜，形制为八出葵花形，内切圆形。以镜钮为中心，一条盘龙身躯环绕，呈顺时针方向旋转。龙首昂起，扭颈回眸，双角高耸，张口伸舌，鳞爪飞动，一后肢被龙尾缠绕，龙爪均为三个爪，四周各饰一朵祥云纹，镜缘处饰以花鸟、蝶花。直径19.5厘米。

图6-5 “龙肇新元”展览展出五面龙纹镜

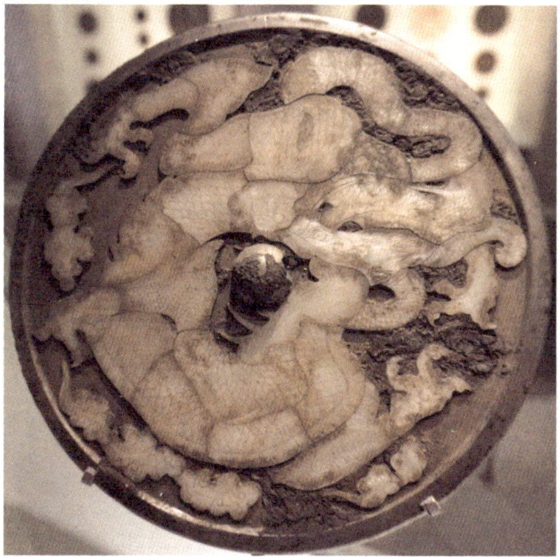

图6-6 “镜里千秋”展览展出唐代螺钿盘龙镜复制品

图6-7 “龙肇新元”展览展出唐代盘龙镜

2024年，国博“龙肇新元：甲辰龙年新春文化展”展出此镜（图6-7）。

辽代盘龙镜的构图仿照唐镜而作，亦为一条神龙绕钮旋转。匠师在设计时将圆形镜钮视作宝珠，恰好处于龙口的涵盖范围，呈现出神龙含珠的意境。盘龙纹为浅浮雕，其五官、鳞片、四肢、四爪等局部均有细致刻画。创作题材、表现形式继承了唐代盘龙镜的传统，并在此基础上有所变化，体现在颈细身粗，不是“尾缠腿”，而是“腿压尾”。“龙肇新元：甲辰龙年新春文化展”展出此镜（图6-8）。

图6-8 “龙肇新元”展览展出辽代盘龙镜

图6-9 “镜里千秋”展览展出明代盘龙镜

元至元四年双龙镜，镜背中央为镜钮，钮外方框内铸有“至元四年”铭文。框外上下各饰一条龙纹，有龙形而无韵致，不足称道。“镜里千秋”展览展出一面，直径25厘米；“龙肇新元：甲辰龙年新春文化展”亦展出另外一面，其形制、纹饰与前者相似，尺寸略小，直径为21.5厘米。

明代盘龙镜布局亦仿自唐镜，由此可见唐代对后世的深远影响。其整体构图、龙体旋转方向均与唐代盘龙镜近似，但是在龙首五官、四肢、龙爪、尾部及鳞片等诸多细节表现方面相距甚远，显衰落之像。“镜里千秋”展览展出此镜（图6-9）。

国博馆藏一面明代双龙镜形制为横长方形。镜钮上、下各有一条行走的龙，头右尾左。其特殊之处在于，龙尾分叉，由两个C形线条构成这种造型的龙尾年代较晚（图6-10）。

第二类：以龙纹作为组合纹饰之一的铜镜

除了作为主体纹饰之外，龙纹还与虎、朱雀、玄武等其他动物纹相结合，形成龙虎、四神、十二生肖等多种组合形式，创造出全新的铜镜纹

图6-10 国博藏明代双龙镜（国博供图）

饰，如西汉鎏金中国大宁四神博局镜、新莽鎏金桼言四神博局镜，隋代四神镜上的青龙、唐代八卦十二生肖镜上的辰龙等。龙在其中的角色并不突出，与其他动物所占分量相等，仅占二分之一、四分之一或十二分之一。笔者在以往文章中对龙虎镜、四神博局镜谈及较多，今重点讲述别具特色的十二生肖镜。

因为十二生肖镜与每个人的属相都有关联，所以此类题材的铜镜受到历代人们的喜爱。国博收藏的十二生肖镜始见于隋代，晚唐、北宋、清代均有。“镜里千秋”展览展出两面隋代四神十二生肖镜，纹饰布局、动物造型相同，以一面镜缘带有绿锈的铜镜为例。其镜背纹饰分置于内、外两区中。圆形钮座外为内区，四面各饰青龙、朱雀、白虎、玄武，呈顺时针方向分布。龙首昂起，龙眼凸出，曲颈挺胸，肩生翼翅，身躯修长，呈S

形，四肢劲健，长尾略曲内卷。四神形象之外，以一周弦纹圈划分出内、外区。以两周弦纹圈加十二条双纵短线将外区分割成十二个小格，内饰子鼠、丑牛、寅虎、卯兔、辰龙、巳蛇、午马、未羊、申猴、酉鸡、戌狗、亥猪十二生肖。辰龙形象与其他十一个生肖大小基本一致，受小格空间所限，身形较短，呈行走之姿，长尾上扬（图6-11）。铸造精细，由于所处空间位置的不同，位于内区的青龙与外区的辰龙造型风格迥异。

晚唐八卦十二生肖镜为八出葵花形，伏龟形钮，荷叶纹钮座。座外饰一周八卦卦形，应是后天八卦。卦形之外，环绕子鼠、丑牛、寅虎、卯兔、辰龙等十二生肖形象。镜背纹饰均为浅浮雕，十二生肖为侧面形象，塑造得生动有趣，神态各异，动感极强。其中，龙首昂起，龙珠可见，身形矫健，短翼上扬，长尾后卷，呈奔跑状。作为中心镜钮伏龟的静态，与外围十二生肖的动态形成了强烈反差（图6-12），一静一动，一大一小，一内一外，在这种形象的对比中取得了视觉上的平衡。“镜里千秋”展览展出此镜。

北宋十二生肖镜形制奇特，为六出菱花形加十二出葵花纹。位于中心圆形镜钮座之外，以一周弦纹圈将主体纹饰分为内、外两区。内区用短竖线分割出十二个小格，分别铸以“子、丑、寅、卯、辰、巳、午、未、申、酉、戌、亥”十二辰楷书体阳铭，外区是十二个圆圈纹，分置与铭文相对应的生肖动物形象，以概括、简洁的剪影形式来表现。其中，辰龙头上长角，吻部前突，四肢着地，龙尾上卷（图6-13）。

清代嘉庆七年十二生肖镜是一面带柄镜。钮外环绕三周弦纹，将镜背划分为三区。内区铸四字对读楷书体阳铭，连读为“东莱宝镜”。中区配置十二生肖形象，自上部子鼠开始，按顺时针方向排列，依次为丑牛、寅虎、卯兔、辰龙、巳蛇、午马、未羊、申猴、酉鸡、戌狗、亥猪。其中，

图6-11 “镜里千秋”展览展出隋代四神十二生肖镜

图6-12 “镜里千秋”展览展出唐代八卦十二生肖镜

辰龙为侧面形象，吻部突出，触须上扬，前后肢直立，龙爪为四个爪，龙尾后伸，缺乏龙之神韵。外区铸有一圈十四字右旋读楷书体阳铭：“嘉庆七年壬戌，滇南抚署慎思堂铸。”从铭文来看，“嘉庆”即清仁宗爱新觉罗·颙琰的年号，此镜为云南所铸，清嘉庆七年，即公元1802年。

第三类：以龙纹作为辅助纹饰的铜镜

此类铜镜数量相对较多，仅列举三例，如东汉田氏七乳羽人四神镜、明代状元及第镜、乘龙跨凤镜。

东汉田氏七乳羽人四神瑞兽镜钮座外分为内、外两区。内区等距分布四叶座七乳，其间按顺时针方向排列七组不同纹饰，如青龙、朱雀、玄武、白虎及其他多种形象。外区纹饰包括青龙、白虎、玄武、羽人、三足乌等形象，变形夸张，屈曲回环。接近镜缘处，饰一周禽兽纹，有龙、虎、朱雀等动物形象。位于外区与镜缘处的龙纹，皆为边饰，属于辅助纹饰。1956年，河南南阳百里奚村汉墓出土，“镜里千秋”展览展出此镜。

图6-13 国博藏北宋十二生肖镜拓本（《中国历史博物馆馆刊》1994年2期，第137页，图22）

图6-14 “镜里千秋”展览展出明代状元及第镜

明代状元及第镜钮座设计别出心裁，是仿造东汉龙虎镜上的纹饰。一龙一虎夹钮而峙，龙首与虎首两两相对，均为昂头张口，龙角后伸。显露部分身躯，另有部分如同被镜钮所压。盘龙后肢下方，铸一圆形印记楷书体阳铭“马”字。单字铭文之后，另有一条龙绕钮而行，共计两龙一虎。龙虎纹钮座之外四隅各铸一字，均衡分布四字楷书体阳铭，连读为“状元及第”（图6-14）。古时科举称廷试第一名为状元；明清进士，殿试中一甲三名者，并赐进士及第，“及第”有科举得中的含义。“状”“元”两字之间，是一寿星端坐于祥云、仙鹤之上，其左右为祥云托起日月同辉，外侧各立一位仙人拱手侍奉。钮座两侧，各立四位仙人，手持宝物。仙人之间，饰以方胜、楼阁、祥云等，营造一种仙境气氛。

关于在状元及第镜的钮座内仿铸东汉龙虎镜纹饰的原因，笔者认为，铸造龙虎纹包含着古人期望荣登“龙虎榜”的深刻寓意。据《新唐书》卷二〇三《欧阳詹传》记载：唐贞元八年（792年），欧阳詹与韩愈、李观、李绛等二十三人于陆贽榜联第，欧阳詹等均有文名，被当时的人们称作

“龙虎榜”，有知名之士同登一榜的含义。上述铜镜于钮座盘龙后肢下方铸一圆形印记“马”字阳铭，应是铸镜作坊主人的姓氏。龙虎组合在不同时代有着不同意义，如汉代有“左龙右虎辟不祥”的含义。到了明代，借用唐人“龙虎榜”的典故，将东汉龙虎镜纹饰仿制于钮座，有“金榜题名”的美好愿望，其含义发生了较大变化。“镜里千秋”展览展出此镜。

国博还收藏有一面明代乘龙跨凤镜。此镜为双龙纹钮座，龙纹为辅助纹饰。钮座四面各铸一楷体阳文大字，上下右左连读，为“乘龙跨凤”（图6-15）。“乘龙跨凤”为历史典故。“乘龙”一词最早源于《易·乾》,《象》曰：“大明终始，六位时成，时乘六龙以御天。”余敦康先生解释此句：“天道的运行适应六个不同的时空环境，遵循由始到终的发展程序，表现出不同的方式，初爻为潜，二爻为见，三爻为惕，四爻为跃，五爻为飞，上爻为亢，好比驾御着六条巨龙在浩瀚的天空自由翱翔。”

后人将他人女婿誉为“乘龙”，亦称“乘龙快婿”。据《艺文类聚》四十引《楚国先贤传》云：“孙隽字文英，与李元礼（膺）俱娶太尉桓焉女。时人谓桓叔元两女俱乘龙，言得婿如龙也。”《初学记》三十引《魏志》，孙隽作黄尚，桓焉作桓温。杜甫《杜工部草堂诗笺》二《李监宅》曰：“门阑为喜色，女婿近乘龙。”宋吴曾说杜诗“乘龙”，是引用了秦女乘凤、萧史乘龙的典故。萧史传说为春秋时人，擅长吹箫，作凤鸣。秦穆公将女儿弄玉嫁给他，筑凤台以居。一天，萧史吹箫，引凤而来，萧史与弄玉跨凤成仙，飞升而去，秦人筑凤女祠于雍宫内。由此可见，这面乘龙跨凤镜上的铭文，源于萧史、弄玉的故事。“乘龙”实指萧史，“跨凤”即弄玉，此镜的性质应是一份明代用于新婚馈赠的贺礼，直径27.3厘米。

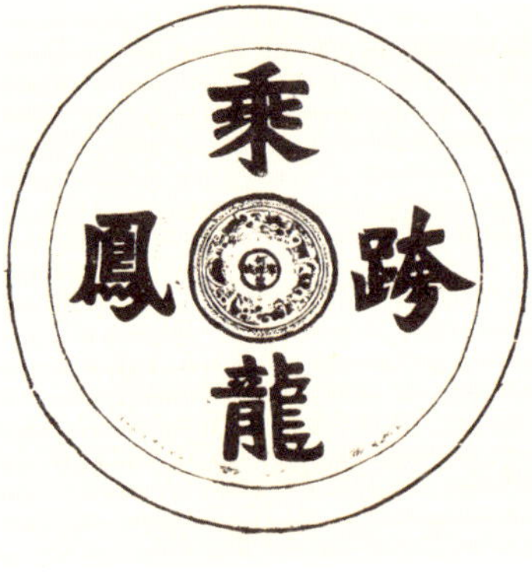

图6-15 国博藏明代乘龙跨凤镜拓本（《中国历史博物馆馆刊》1997年1期，第124页，图23）

图6-16 国博藏金代柳毅传书镜（国博供图）

第四类：与龙相关的传说故事镜

这一类铜镜数量极少，如金代柳毅传书镜。在国博“古代中国”基本陈列展厅内可以看到，另有一面铜镜尚未展出，描绘的是龙女已顺利回到洞庭湖、与柳毅依依惜别的场景（图6-16、图6-17）。虽然表现的是同一主题，铜镜与绘画的构图、人物形象塑造却有所不同（图6-18）。

总之，通过对国博馆藏与龙相关铜镜资料的初步整理，可以得出以下结论：

一是国博馆藏龙纹镜自战国始，历经两汉、三国、隋唐、宋辽金、元明清，时间长达两千余年。

二是馆藏龙纹镜少量为考古发掘品，源于河南、陕西、黑龙江、湖北、湖南等地。大多为传世品，其来源较为广泛。虽然出土地点不详，但参照同类发掘品，仍能对其年代作出基本推断。

三是馆藏龙纹镜种类繁多，形成发展序列。具有代表性的铜镜包括战国三龙镜、透雕蟠螭纹镜，两汉四神博局镜、田氏七乳羽人四神镜、盘龙镜、龙虎镜，三国孙吴四叶八凤佛首镜，隋四神十二生肖镜，唐盘龙镜、

图6–17　国博藏金代柳毅传书镜局部（国博供图）

八卦十二生肖镜，南宋龙虎丹鼎镜，辽盘龙镜、乾统七年四龙凤镜，金柳毅传书镜，元至元四年双龙镜，明洪武二十二年云龙镜，清嘉庆七年十二生肖镜等，为研究中国古代龙文化史提供了鲜活、生动的实物资料。

图6-18　故宫博物院藏元代朱玉绘《龙宫水府图》（朱万章供图）

中国国家博物馆“镜里千秋”展览中的铜镜考古发掘品

2020年11月24日，经过精心筹备，由国博主办的“镜里千秋：中国古代铜镜文化”展览（以下简称“镜里千秋”展）开幕（图7-1）。该展览展出国博馆藏铜镜及其相关文物260余件（套），这是国博首次举办有关铜镜的专题展览（图7-2），其学术意义非同凡响。展出的铜镜考古发掘品30余面，不仅有一般工艺镜，而且还有较为少见的特种工艺镜，具有较为重要的历史、科学及艺术价值。

国博馆藏铜镜数量共计9400余面。根据藏品来源的不同，将其分为考古发掘品（以下简称“发掘品”）、出土品、传世品。铜镜发掘品有120余面[1]，仅占全部藏品的1.3%。虽然发掘品数量少，但是为科学发掘所得，具有明确的出土时间、地点，包含更加丰富的历史信息，研究价值较大。本书重点推介的是展出的部分国博铜镜发掘品，以便读者及时了解背景资料，增加对这些重要展品的深入认识。

1 中国国家博物馆藏铜镜数量，由国博藏品保管部提供统计数据，出土品被归入考古发掘品的范围内。

图7-1　国博“镜里千秋”展厅主题墙

图7-2　国博“镜里千秋”展厅内景

图7-3　安阳殷墟妇好墓弦纹镜

1.安阳殷墟妇好墓弦纹镜

1976年5—6月，中国科学院考古研究所安阳工作队在河南安阳小屯村西北的岗地上，发掘出商王武丁配偶妇好的墓葬。由于墓上有一座商代夯土建筑基址，妇好墓才得以完整地保存下来。墓内出土大量青铜礼器、玉器等遗物。其中，发现四面铜镜，一面小型镜、两面中型镜出自第六层，另有一面大型镜出自椁室内[1]。

调拨至国博的大型镜、中型镜各有一面，长期在“古代中国”基本陈列展出。今见于“镜里千秋”展览的是一面中型弦纹镜，背面饰以六周凸弦纹，其间填以细密的短竖线纹。绿锈覆盖镜背，散发着古朴、悠远的韵味。直径11.8厘米，厚0.2厘米（图7-3）。安阳殷墟发掘至今，仅清理出六面铜镜。这次展出的妇好墓出土铜镜，弥足珍贵。

1　中国社会科学院考古研究所：《殷墟妇好墓》，文物出版社，1980年，第103-104页。

图7-4-1 三门峡上村岭虢国墓地鸟兽镜

图7-4-2 上村岭墓地1612号墓鸟兽镜拓本（《上村岭虢国墓地》，第27页，图二一）

2.三门峡上村岭虢国墓地三面铜镜

1956—1957年，黄河水库考古工作队在河南三门峡上村岭发掘西周晚期至春秋早期的虢国贵族墓地，清理234座墓葬。出土三面铜镜，见于两座竖穴土圹墓内。一面为鸟兽镜，发现于墓地中部偏南的1612号墓。在此墓棺内，人骨架胸部有骨戈、串饰，右腿西侧葬有鸟兽镜。此镜钮上下分别饰以侧立的鹿纹、飞翔的鸟纹。钮左右各有一侧立横置的虎纹。直径6.7厘米，厚0.35厘米（图7-4）。这面镜子的特殊之处在于，镜背中央有两个平行的弓形钮，一般铜镜仅有一个镜钮。

两面素面镜同出于1650号墓人骨架胸部。出土时，两镜叠压在一起，若是仔细观察，尚能看到镜上残留有织物的印痕[1]。铸造于西周晚期至春秋早期的铜镜，发现数量极少。所以说，上村岭虢国墓地出土铜镜填补了中国铜镜史上的一段空白。1959年，三面铜镜调拨至中国历史博物馆（国博前身）。上述三镜均属一级品，在这次展览中同时出现（图7-5），成为

1 中国科学院考古研究所:《上村岭虢国墓地》，科学出版社，1959年，第27页。

这一时段铜镜的一大亮点。

3. 洛阳中州路西工段2719号战国墓羽状纹镜

1954—1955年，中国科学院考古研究所在河南洛阳中州路西工段发掘260座东周墓。其中，在2719号战国早期墓出土一面羽状纹镜，发现于内椁与棺之间，位于人头骨上方。这面镜子的主体纹饰为涡粒形的羽状纹，铺满镜背，在《洛阳中州路（西工段）》发掘报告中被称为“蟠螭纹”，其圆形钮座周围及边饰皆为贝纹，较为少见。直径10.8厘米，厚0.15厘米[1]。

2013年，当笔者与洛阳市文物考古研究院史家珍院长共同主编《洛镜铜华：洛阳铜镜发现与研究》一书时，谁也不知道上述铜镜的下落，只能从《洛阳中州路（西工段）》报告上扫描了一幅黑白图片（图7-6）。2020年8月30日下午，在为“镜里千秋”展览图录撰写一面战国铜镜图版说明时，笔者突然发现，正在放大端详的国博藏镜高清晰图片（图7-7），与《洛阳中州路（西工段）》报告中的羽状纹

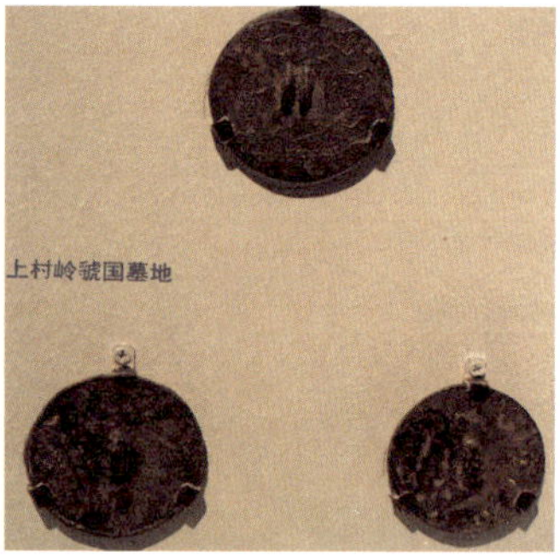

图7-5 三门峡上村岭虢国墓地三面铜镜

图7-6 洛阳中州路2719号战国墓羽状纹镜
[《洛阳中州路（西工段）》，图版柒肆：16]

图7-7 “镜里千秋”展览中的洛阳中州路西工段战国墓羽状纹镜

1 中国科学院考古研究所：《洛阳中州路(西工段)》，科学出版社，1959年，第91页。

镜黑白图片，竟然源于同一面镜子实物，恰如南宋辛弃疾《青玉案·元夕》所云："众里寻他千百度。蓦然回首，那人却在，灯火阑珊处。"令人百感交集。这面出土于战国早期墓的羽状纹镜，不仅是洛阳考古发现年代最早的铜镜，而且是目前所见中国最早的羽状纹镜。

4.成都羊子山172号战国墓羽状纹镜

1953年，因取土烧砖瓦，在四川成都北郊驷马桥附近的一个小山丘羊子山发现了许多墓葬，当时的西南博物院派了一个工作组前来清理。经发掘可知，羊子山是一座人工筑成的土台，原来略呈正方形。自战国末年至今，此地已成为丛葬之所。172号墓是战国墓中最大的一座。1955年3月，考古人员对该墓进行了科学发掘。西南博物院撤销后，这批文物被移交四川省文物管理委员会整理。

该墓是一座长方形竖穴土坑木椁墓。随葬品分为陶器、铜器、漆器、玉器、石器、车马器饰及其他七大类，其中以铜器及车马器饰为最多，共计115件。该墓出土一面羽状纹铜镜，见于棺内人头骨后部，同时出有铜印、铜矛、铜戈、银盘、金块、古象白齿、犀牛齿等。墓内出土铜镜背面的主体纹饰为羽状纹、涡纹，地纹为细密的云雷纹。钮座附近略有残缺，已经过修补。直径8.8厘米（图7-8）[1]。

5.江陵张家山201号战国楚墓透雕蟠螭纹镜

1976年3月，在位于湖北江陵县荆州城西北的张家山，现为江陵县砖瓦厂内，因制砖取土发现了一座土坑墓。荆州地区博物馆派人对其进行了清理。该墓形制为长方形斜壁竖穴上坑墓，墓内棺椁已腐朽，推测似为一

1 四川省文物管理委员会:《成都羊子山第172号墓发掘报告》,《考古学报》1956年4期。

图 7-8　成都羊子山172号战国墓羽状纹镜

图 7-9　江陵张家山201号战国楚墓透雕蟠螭镜

椁两棺。随葬器物大多出在椁南室，主要有青铜礼器与青铜生活用器，东室与北室放置少量的青铜兵器与生活用具。主室中尸骨已朽无存。出土遗物按其用途，可分为青铜礼器、青铜生活用器、兵器、车马器、玉石器等。墓中出土一面铜镜，面平，背中部有一桥形钮。镜面与背纹由两部分组成，镜面镶嵌于背纹之中。镜背纹饰为透雕蟠螭纹，繁缛复杂，异常精美。直径20.5厘米（图7-9）。

根据墓中出土青铜器判断，该墓相对年代为战国晚期，下限不晚于公元前278年秦拔郢之时。虽然此墓未出文字资料，但从出土遗物与棺椁形制来看，墓主人所用的丧葬之礼与大夫级葬制是相吻合的，故推测其身份可能为大夫[1]。该镜被调拨至中国历史博物馆，先后在国博“古代中国”基本陈列、“镜里千秋”展览展出。

6. 云梦睡虎地9号秦代墓武士斗兽镜

1975—1976年春，在湖北云梦睡虎地发掘了12座战国末年至秦代的

1　荆州地区博物馆：《江陵张家山201号楚墓清理简报》，《江汉考古》1984年2期。

小型土坑木椁墓。11号墓出土秦代竹简1100多枚，保存比较完整，内容大多为秦的法律与文书。其北面为9号墓，墓室面积仅次于11号墓。据发掘资料整理者判断，9号墓主人生前的社会地位应该与11号墓主人“喜”的地位相当，是秦代的低级官吏。

9号墓出土漆器、铜器及陶器等近70件，其中有一面武士斗兽镜。形制为圆形，方钮座。直径10.4厘米，缘厚0.2厘米[1]。镜背最为突出的视觉形象是两位武士分别与两只豹子相搏斗。如果从中国美术史上叙事画的角度来观察，这面镜子背面的两组图像刻画的是一位武士与一只豹子的搏斗过程。这位武士始终处于小心翼翼的防守态势，而豹子两种截然相反的肢体动作塑造的形象，则生动再现了从进攻到溃逃的搏斗过程。该镜的重要学术价值在于，它既是目前中国考古发现最早的人物镜，也是中国最早具有连续式构图叙事特点的铜镜。在“镜里千秋”展览上，武士斗兽镜与其他两面铜镜一起，被放置于一个独立展柜内（图7-10），观众可以欣赏到镜子的正背两面。

7. 长沙伍家岭211号墓鎏金中国大宁四神博局镜与铜华连弧镜

中华人民共和国成立之初，百废待举，各地兴起建设高潮。湖南长沙近郊在进行施工过程中，发现大批古墓。1951—1952年，中国科学院考古研究所派遣工作队前往长沙配合工程进行考古工作，共计发掘古墓葬162座，墓葬年代包括战国、两汉、唐宋等，发掘地点分别位于长沙北郊伍家岭、东郊陈家大山、东南郊识字岭等地。1959年，诸多出土器物被调往中国历史博物馆。

在“镜里千秋”展览中，观众可以欣赏到七面来自长沙战国、西汉墓

1 “云梦睡虎地秦墓”编写组:《云梦睡虎地秦墓》，文物出版社，1981年，第69-71页。

图7-10 云梦睡虎地墓9号秦代墓武士斗兽镜

图7-11 长沙侯家塘战国墓蟠螭纹镜

图7-12 长沙东郊陈家大山124号战国墓四山镜

图7-13 长沙东南郊识字岭342号墓羽状纹镜

图7-14 长沙东南郊识字岭342号墓蟠螭纹镜

图7-15 长沙东南郊识字岭327号墓昭明清白重圈镜

中的出土铜镜。包括侯家塘战国墓出土的蟠螭纹镜（图7-11），陈家大山124号战国墓出土的四山镜（图7-12），识字岭342号西汉前期墓出土的羽状纹镜（图7-13）与蟠螭纹镜（图7-14），327号西汉后期墓出土的昭明清白重圈镜（图7-15），伍家岭211号西汉后期墓出土的鎏金中国大宁四神博局镜（图7-16）、铜华连弧镜（图7-17）[1]。在这个展览设计中，虽然鎏金中国大宁四神博局镜实物亦呈壁上观，但是在展厅显著位置专门为这面铜镜的3D图片设置了电子触摸大屏，观众可以通过这个屏幕，对大宁镜的形制结构、纹饰布局、铭文分布有一个细致的了解。

这面鎏金铜镜出土于211号墓室西北的棺椁范围内，被放置于一件直径约25厘米的漆镜奁内，漆奁已朽。棺椁内还随葬有金饼、石璧各一枚及大量五铢钱等，另有一面四乳四虺镜。在墓室西南部，出土一面铜华连弧镜。

图7-16-1　长沙伍家岭211号西汉墓鎏金中国大宁四神博局镜

图7-16-2　长沙伍家岭211号西汉墓鎏金中国大宁四神博局镜拓本局部（国博供图）

图7-17　长沙北郊伍家岭211号墓铜华连弧镜

1　中国科学院考古研究所:《长沙发掘报告》，科学出版社，1957年，第23-95页。

图7-18　南阳百里奚村东汉墓田氏七乳羽人四神瑞兽镜

图7-19　武昌任家湾三国孙吴郑丑墓变形四叶兽首镜

8.南阳百里奚村汉墓田氏七乳羽人四神瑞兽镜

1956年3月，灯塔农业社社员在河南南阳百里奚村北打井时，发现了一座东汉前期砖室墓。后南阳县人民委员会派人进行调查，清理、征集到随葬器物9件，包括镜、壶、博山炉、灯、洗等铜器，刀、戟、矛等铜兵器及一件铁刀，零星的盔甲饰物十余件，推测墓主人身份可能是一位武将[1]。该镜后被调拨至中国历史博物馆。

墓中出土铜镜钮座外环绕一周九枚圆座乳丁，其间饰以“长宜子孙”四字铭文。其外有两周凸弦纹圈，夹一周隶书体阳铭：“田氏作竟（镜）大毋伤，新有善同（铜）出丹阳，湅治（冶）银锡清如明，得此竟（镜）家当千万。”铭文带之外为主区纹饰，以一条细弦纹圈将其划分为内外两区，饰以青龙、朱雀、玄武、白虎四神及羽人形象等。直径22.6厘米。此镜铸造精良，装饰手法多样，铭文字数较多，笔画精细，不愧为汉镜佳作（图7-18）。

1　刘兴长、张居超:《河南南阳百里奚村汉墓的调查》,《考古通讯》1957年6期。

9.武昌任家湾三国孙吴黄武六年郑丑墓变形四叶兽首镜

1955年4月27日，在湖北武昌任家湾修建武泰闸的采土区何家山上发现了一座未经破坏的古墓，编号为113号。由此开始发掘，至5月5日结束。该墓包括斜坡墓道、甬道、前后室、左右耳室等部分。墓主人的葬具为木棺，放置于后室的左后方。棺已腐朽，仅存底板。前室内放置着陶鉴、铜釜、铅锡合金耳杯、漆盂、铁矛、铁剑等。东耳室有各种大、小陶罐和陶三足多孔器。两耳室有陶灶和附属的器物，大部分保存完整。该墓出土随葬器物66件，除钱币外，按质地可分为陶、瓷、铜、铅、银、铁、漆、木等八类[1]。1965年，文物考古工作者对出土于后室棺底板下的一件铅质地券进行了去锈处理，券上铭文隐约可识。可知该墓为三国孙吴黄武六年道士郑丑墓[2]。“黄武”为三国孙吴大帝孙权的年号，黄武六年即公元227年。

该墓出土铜镜钮外为四条内凹弧线构成的四边形，四角接蝙蝠形四叶纹。四叶内侧各铸一隶书阳铭，连读为“位至三公”，“位”字反书。四叶之间，饰以变形兽首纹。兽首纹五官铸造不甚清晰，仅可看出大致轮廓（图7-19）。

10.鄂城五里墩墓地4037号墓四叶八凤佛兽镜

1975年7月9日，在湖北鄂城鄂钢五里墩墓地4037号三国孙吴墓中发掘出一面四叶八凤佛兽镜。考古报告整理者将鄂城附近的377座墓葬划分为四个墓区。第四墓区为洋澜湖周围墓区，可分为三处墓地，其中有

1 武汉市文物管理委员会:《武昌任家湾六朝初期墓葬清理简报》,《文物参考资料》1955年12期。

2 程欣人:《武汉出土的两块东吴铅券释文》,《考古》1965年10期；白彬:《湖北武昌任家湾东吴初年“道士”郑丑幕再研究》,《江汉考古》2006年4期。

图7-20　鄂城五里墩墓地4037号三国孙吴墓四叶八凤佛兽镜

五里墩墓地。该墓地先后发掘了24座六朝墓，包括孙吴墓11座、西晋墓7座、东晋墓5座、南朝墓1座。

出土于4037号墓的铜镜，为扁圆形钮，圆钮座。座外四面各饰一桃形叶。其中，三叶内各铸一尊佛像。均有项光，结跏趺坐于莲台之上，莲台两侧各有一条神龙。另有一叶内中央为一尊坐像，在莲花座之上呈半跏思维状，一手抬起，与项光相接。其面前跪有一人，身后立有一人，头上均无项光。四叶外饰以四组对凤衔节纹。外围十六内向连弧纹，内置飞禽瑞兽。此镜直径16.4厘米，缘厚0.4厘米（图7-20）[1]。

在“镜里千秋”展览中，这面佛像镜被单独安置于一个壁上圆形龛内展出，观众可以近距离欣赏佛像镜的精致与典雅。镜体略有残损，却仍然能够感受到此镜独有的细腻与韵味。它曾经被考古学家王仲殊先生誉为佛像对凤镜中“难得的珍品”[2]，笔者认为它是目前所见中国考古发现年代最早的佛像镜之一，其年代为三国孙吴时期，而非西晋。

11.西安隋大业四年李静训墓光正随人十二生肖镜

1957年，为了配合陕西西安市区建设，中国科学院考古研究所在陕

1　南京大学历史系考古专业等：《鄂城六朝墓》，科学出版社，2007年，第275-277页。

2　王仲殊：《论吴晋时期的佛像夔凤镜——为纪念夏鼐先生考古五十年而作》，《考古》1985年7期。

图7-21　西安隋李静训墓光正随人十二生肖镜

图7-22　西安隋李静训墓出土铜镜及其他器物

西西安城西约一千米的潘家村附近，发掘出隋大业四年（公元608年）李静训墓，该墓位于隋代都城大兴城（即唐长安城）休祥里万善尼寺遗址范围内。该墓埋在一座夯土台基下面，有墓道与墓室两部分，墓室为长方形竖井坑。将填土清理后，墓室中露出石椁和墓志。揭开椁盖和四壁后，发现一具雕刻精致的石棺以及放置于石棺盖上和四周的随葬器物。棺内尸骨头南足北，各类随葬品众多。该墓未被盗掘扰乱，保存完好。随葬器物种类包括陶俑和陶制明器、陶器、金银器、铜铁器、玉石器、玻璃器等共计230余件。其中，棺内中层北端有一件铜洗，盛有一面光正随人十二生肖镜，镜子下面垫有黄色细纹纸五层。

据墓志可知，虽然墓主人李静训是一个年仅九岁的女孩，却由于她是皇亲贵戚，所以墓中葬具精致，随葬品种类丰富。她的外祖母杨丽华是北周皇后、隋文帝杨坚的女儿，地位显赫。墓中石棺内中层出土铜镜为一般工艺镜，圆钮。镜背纹饰布局沿袭着两汉以来多圈带的构图模式，自内向外，分别为“光正随人，长命宜新”的八字铭文、缠枝卷草纹、十二生肖、锯齿纹四重圈带。直径16厘米，缘厚0.7厘米（图7-21）[1]。这面铜

1　中国社会科学院考古研究所：《唐长安城郊隋唐墓》，文物出版社，1980年，第3-10、20页。

图7-23　西安洪庆村武周神功二年孤独思贞墓瑞兽葡萄镜

图7-24　西安韩森寨出土银平脱宝相花镜

镜保存完整，略有变形，镜背泛出一层红斑绿锈，透着一种古朴与深邃的韵致。与此镜同时展出的还有石棺内出土盛放镜子的铜洗，另有铜钵、铜斗、绿玻璃小瓶及绿玻璃盖罐等（图7-22）。

12.西安洪庆村唐神功二年独孤思贞墓瑞兽葡萄镜

1958年6月，在陕西省西安市东郊灞河区洪庆村南的铜人原上发掘出唐神功二年（公元698年）独孤思贞墓。该墓在早期曾被盗掘过，墓室被扰乱，其他部分尚好。该墓为南北向，是一座带斜坡形长墓道的洞室墓。随葬器物有俑类、用具明器类和装饰品等十余种。除330粒料珠之外，其他共计184件。其中陶俑占绝大多数，大都是制作精美的三彩俑。该墓随葬的铜镜出于墓室底扰土中，保存完整。镜的背面分为内外两区。内区以六只瑞兽为主体纹饰，外区则饰以成串的葡萄纹。直径16.9厘米（图7-23）[1]。该镜现藏国博，曾在“古代中国”基本陈列展出。该镜铸造精良，浮雕细致，立体感强。

1　中国社会科学院考古研究所:《唐长安城郊隋唐墓》，第29-43页。

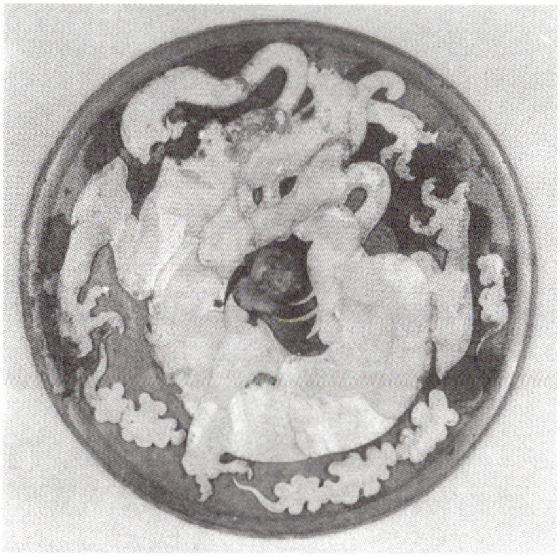

图7-25 自三门峡市区1914号唐墓调拨至历博的螺钿盘龙镜（国博供图）

图7-26 三门峡市区1914号唐墓螺钿盘龙镜局部（国博供图）

此外，1955年陕西西安韦曲一座唐墓出土一面银平脱宝相花镜。将一银片剪裁、镂空，做出宝相花形，并加以阴线刻，贴附于镜背之上，形成异常华美的特种工艺镜（图7-24）。其构图设计精心细致、繁缛复杂，较为少见。

13. 三门峡市区1914号唐墓螺钿盘龙镜

1957年，为了继续配合三门峡水库建设，黄河水库考古工作队在三门峡市区基建工地清理20余座墓葬。以唐墓为主，汉墓次之，大部分和刘家渠的汉唐墓近似。1914号墓出土铜镜、银碗、筷、勺，鎏金的小铜鐎斗、铜盘、铜铃，铅碗，泥俑，石猪、彩绘陶罐等。其中以螺钿铜镜最为精致，直径达22厘米，背面饰有一条盘龙（图7-25、图7-26），姿态生动、刻画细腻。同出墓志中提到墓主人卒于唐天宝十四年（公元755年），而葬于燕圣武元年四月（即至德元年，公元756年）。按圣武为安禄山的僭号，同年六月进人长安，而该墓当是在安禄山的势力进人陕县时下葬的[1]。

1 黄河水库考古工作队:《1957年河南陕县发掘简报》,《考古通讯》1958年11期。

该镜现藏国博，因不具备展出条件，在“镜里千秋”展览中展出的是复制品。

值得一提的是，1957—1958年，黄河库区考古队在三门峡市区工地进行了考古发掘，清理了一些唐墓，部分器物保存在国博。本次铜镜展览展出的三门峡市区工地唐墓出土铜镜，包括2053号唐墓出土仙人骑兽镜（图7-27）、1986号唐墓出土对凤花叶镜（图7-28）、2045号唐墓出土弈棋人物镜（图7-29）、2008号唐墓出土宝相花镜（图7-30）。

14.洛阳涧西唐兴元元年陈曦夫妇合葬墓螺钿高士宴乐镜

1955年，在河南洛阳西郊涧河以西的16工区，清理出古代墓葬90座。其中，以76号墓形制较大，器物保存基本完好。该墓位于邙山南麓的平原地带，坐北朝南，为土圹洞室墓，有阶梯斜坡墓道。墓室内放置两具术棺，已腐朽成灰。东侧的一具尸骨，据出土遗物判断为男性，另一具尸骨朽不可辨。随葬的陶瓷器大多被放在后壁耳室中。西侧的女性墓主人棺中随葬有铁剪、月宫对鸟盘龙纹铜镜等。东侧的男性墓主人棺中有铜洗、背面镶嵌螺钿的铜镜等。在过洞中，出土两合石刻墓志[1]。据墓志可知，此墓为唐代兴元元年（公元784年）陈曦夫妇合葬墓。1959年，墓中出土螺钿高士宴乐镜被调拨至中国历史博物馆，后长期于国博“古代中国”基本陈列展出。

在“镜里千秋”展览中，这面螺钿镜放置于特种工艺镜展柜内。在直径25厘米的镜背上，用螺钿镶嵌出一幅闲适优雅的高士图。画面中的主体形象是分列镜钮左右的两位高士，悠然对坐，左侧高士弹奏阮咸，右

1　河南省文化局文物工作队第二队:《洛阳16工区76号唐墓清理简报》,《文物参考资料》1956年5期。

图 7-27 三门峡市区 2053 号唐墓仙人骑兽镜

图 7-28 三门峡市区 1986 号唐墓对凤花枝镜

图 7-29-1 三门峡 2045 号唐墓弈棋人物镜（范立摄影）

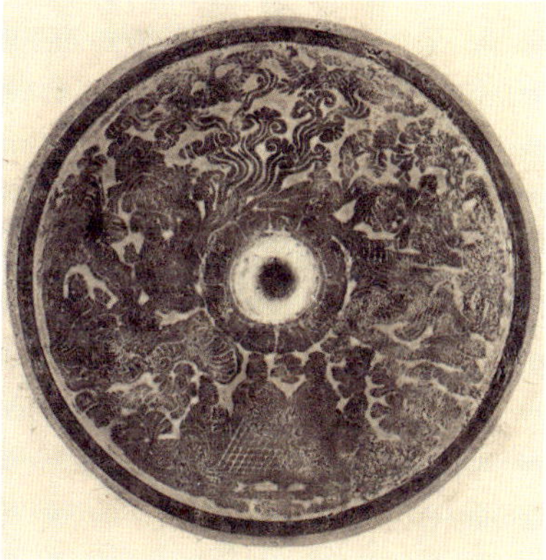

图 7-29-2 三门峡 2045 号唐墓弈棋人物镜拓本（国博供图）

图 7-30 三门峡市区 2008 号唐墓宝相花镜

图 7-31 洛阳涧西唐陈曦墓螺钿高士宴乐镜

图7-32 忻县城南豆罗村北宋田子茂墓缠枝牡丹镜

侧高士手执酒杯，身后立一侍女。镜钮上方配置花树、小鸟、小猫、鹦鹉，下方则有仙鹤、小鸟、水池（图7-31）。笔者认为，此镜是目前中国考古所见直径最大、画面唯美的唐代螺钿人物花鸟镜。曾经被选为封面图，印制于收录了212面古代铜镜精华的《中国青铜器全集·铜镜》一书的护封之上。

15.忻县城南豆罗村北宋政和四年田子茂墓缠枝牡丹镜

1957年8月，为了配合基本建设工程，在山西忻县城南豆罗村南火车路东侧发掘出一座古墓冢，冢前有石雕翁仲和虎、羊各一对。此墓分为墓道与墓室两部分。墓室为平面呈八角形的单室砖墓，清理出两个人头骨，葬具无存，推测这是一座合葬墓。该墓出土铜器24件，均为明器，除博山炉、铜镜为铸造外，余皆为铜器。另出北宋铜钱61枚、瓷器2件、铁鞭、玉带各1件。在墓室东壁附近出土一方墓志，据此可知，墓主人姓田名茂，后改名子茂，字仲坚。生于宋仁宗嘉祐四年（公元1059年），由武状元积职至武功大夫，河东路第六将，于宋徽宗政和四年（公元1114年）卒于驻扎地隆德府（今山西长治市），享年55岁。

墓内出土两面铜镜。一面为圆形，主体纹饰为缠枝牡丹纹，镜钮右侧铸有“程”字阳铭[1]。直径16.6厘米，缘厚0.2厘米（图7-32）。此镜出土时放在一件镜盒内，盛放牡丹镜的铜镜盒盒盖上有精细的线刻孔雀、牡

1 冯文海：《山西忻县北宋墓清理简报》，《文物》1958年5期。

丹，周围有云纹装饰，盒底上有线刻莲花，花心有一小圆孔。另一面为葵花形素面镜。2003年，在我主持发掘的洛阳王城花园考古工地出土一面北宋折枝牡丹镜[1]，其题材内容与山西忻县宋墓出土铜镜相同，在表现形式上略有差异。宋人将牡丹纹铸于镜背，是这一时期人们喜爱牡丹的具体体现。

综上所述，国博展出的铜镜发掘品具有以下三个特点：第一，虽然展出铜镜发掘品数量仅有30余面，质量却是上乘，品相完美。第二，自商代至宋金时期铜镜，时代大体连贯，名品不断，与一些重要的考古发现相关，保存了一些细致入微的历史信息。第三，不仅有一般工艺镜，还展出了一些特种工艺镜，如战国透雕蟠螭纹镜、西汉鎏金中国大宁四神博局镜、三国孙吴鎏金神人神兽镜、唐代螺钿高士宴乐镜、银平脱宝相花镜等，分别代表了不同时段制镜工艺技术的最高水平。

1 霍宏伟：《洛阳王城花园出土宋代器物》，《文物》2003年12期。

铜镜文化的魅力

从距今四千余年的齐家文化铜镜至清代镜鉴，国博的“镜里千秋：中国古代铜镜文化”展，首次全面、系统地展出了国博馆藏铜镜及其相关文物，时代蝉联、体系完备，让观众大饱眼福。

图8-1 湖南长沙出土西汉鎏金中国大宁四神博局镜

图8-2 鎏金中国大宁四神博局镜纹饰局部

一、汉镜：“中国大宁”

1951—1952年，在湖南长沙北郊伍家岭发掘出土一面鎏金中国大宁四神博局镜（图8-1、图8-2），这面镜子在纹饰、铭文及工艺三方面都有独特之处。

一是纹饰布局，四叶纹钮座外围以双线方框。框外四隅各置一枚乳丁，其间以双线弦纹圈相连。方框外四面正中为T形纹，与其外侧的L形纹相对，方框四隅外与V形纹相对，由此形成博局纹四方八极的经典图式。框外置以青龙、白虎、朱雀、玄武四神，并与其他神兽构成组合。青龙、白虎、双角兽的形象设计大胆、新颖，突破了内外区的界限。四神及其他形象之外的空白区域，铺满连绵不断的云气纹，使得整个镜背呈现出繁缛复杂、密不透风的特点。

图8-3 国博藏唐代金银平脱羽人花鸟镜

二是博局纹之外有一周铭文带，包括五十二字篆书阳铭，其中有“中国大宁，子孙益昌。黄常（裳）元吉，有纪刚（纲）”。铭文中“中国大宁，子孙益昌”一句，表达出汉代人期盼华夏康宁、世代昌盛的美好愿望。

三是铸造工艺，在该镜背上进行了鎏金这一特殊工艺加工，使之更加具有灿然夺目的美感。此类汉代鎏金博局镜，在湖南、江苏、广西等地发现相对较多，在中原地区出土极少。

二、唐镜：花舞大唐

在“镜里千秋：中国古代铜镜文化”特种工艺镜展柜中，展出一面唐代金银平脱羽人花鸟镜。该镜为圆钮，以金银片镂刻四重八瓣莲花纹圆钮座。钮座外分为内外两区。内区自钮座四面正中，向外各伸出一心形花瓣纹，其间满饰花鸟、飞蝶。外区接近镜缘，四面正中分别饰以羽人、鸾凤各二，相间分布，呈顺时针方向排列，其间饰以花鸟。直径36.5厘米，缘厚1厘米（图8-3、图8-4）。镜背刻画的形象以银片为主、金片为辅，镜背上精致、细腻的花鸟纹饰让人想起唐代诗人卢照邻《元日述怀》中的

图8-4　金银平脱羽人花鸟镜局部

图8-5 洛阳关林卢氏墓唐天宝九载金银平脱鸾凤花鸟镜（黄超供图）

图8-6 日本正仓院藏金银平脱花鸟镜（《正仓院》，第17页）

图8-7 日本正仓院藏金银平脱花鸟镜局部（《正仓院》，第17页）

诗句："人歌小岁酒，花舞大唐春。"

历史上属于唐代两京地区的陕西西安、河南洛阳都发现有金银平脱镜实物。1963年，陕西历史博物馆在西安东厅门征集到一面金银平脱天马鸾凤镜，直径30.1厘米。1970年，洛阳关林镇唐天宝九载（公元750年）卢氏墓出土一面金银平脱鸾凤花鸟镜，直径30.5厘米（图8-5）。日本正仓院收藏有一面金银平脱花鸟镜，直径28.5厘米（图8-6、图8-7）。通过比较，笔者认为国博收藏的这面铜镜，是已知现存直径最大的唐代金银平脱镜。

三、宋镜：国色天香

1957年，山西忻县城南豆罗村出土一面北宋缠枝牡丹纹镜。此镜为八瓣牡丹花形钮座，其外环绕钮座等距分布四朵硕大盛开的缠枝牡丹纹。镜钮右侧中部铸一楷书体阳铭"程"字，应是铸镜工匠姓氏。四朵缠枝牡丹纹外侧饰联珠纹、花瓣纹各一周。镜背纹饰为浅浮雕，花蕊、花瓣、枝叶纹理清晰，铸造精细（图8-8、图8-9）。

大唐士人钟爱牡丹。唐代刘禹锡《赏牡丹》中有"唯有牡丹真国色，花开时节动京城"的佳句。宋承唐制，人们对牡丹的热爱丝毫未减。《洛阳名园记》记述了北宋洛阳城人们观赏牡丹的盛况："洛阳花甚多种，而独名牡丹曰花王。凡园皆植牡丹，而独名此曰花园子，盖无他池亭，独有牡丹数十万本。"（图8-10）人们将牡丹形象作为一种吉祥图案广泛地应用于社会生活的方方面面，这面铜镜上铸以四朵缠枝牡丹纹正是宋人酷爱牡丹的缩影。

四、清镜：百子呈祥

此次展览展出了一面清代百子图镜，亦称婴戏纹镜。镜为圆钮，钮

图8-8　山西忻县城南豆罗村北宋田子茂夫妇合葬墓出土北宋缠枝牡丹镜（范立摄影）

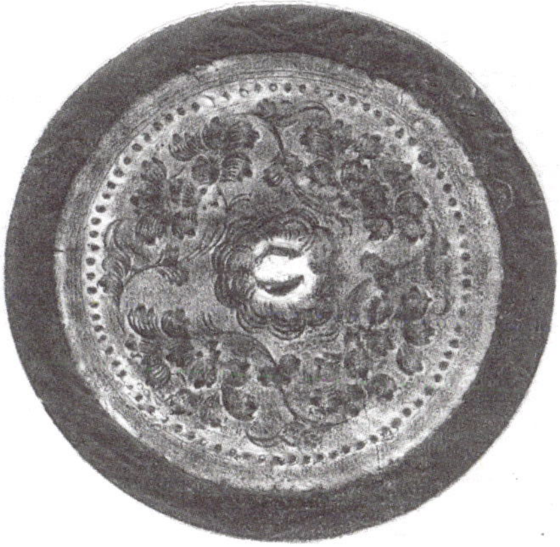

图8-10　洛阳西工小屯王城花园出土北宋折枝牡丹镜拓本（洛阳市文物研究院供图）

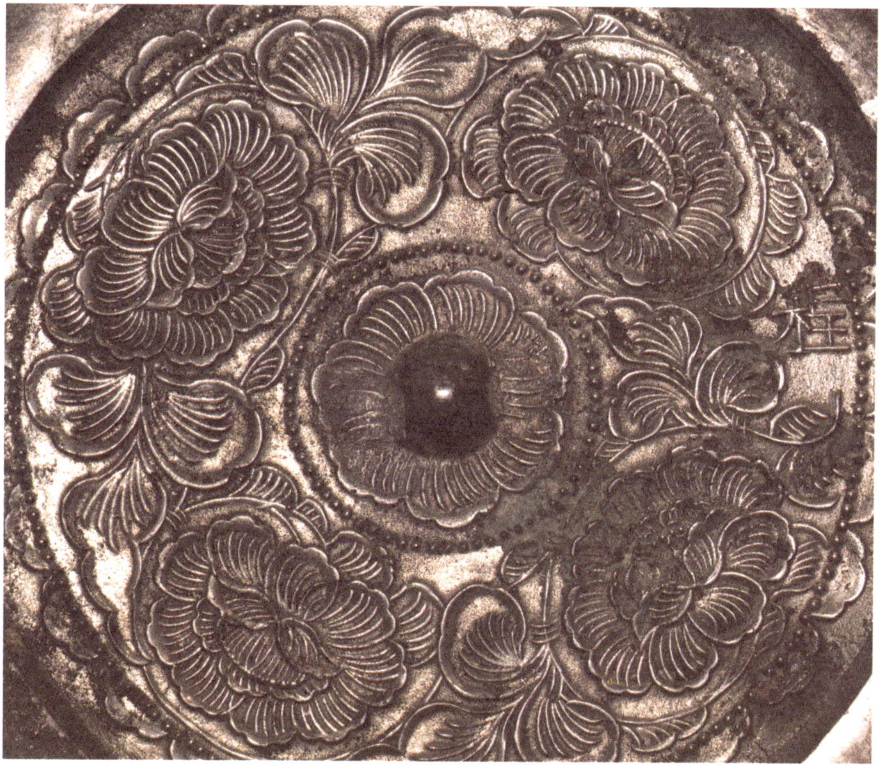

图8-9　山西忻县城南豆罗村出土北宋缠枝牡丹镜局部（范立摄影）

图8-11-1　国博藏清代百子图镜（范立摄影）

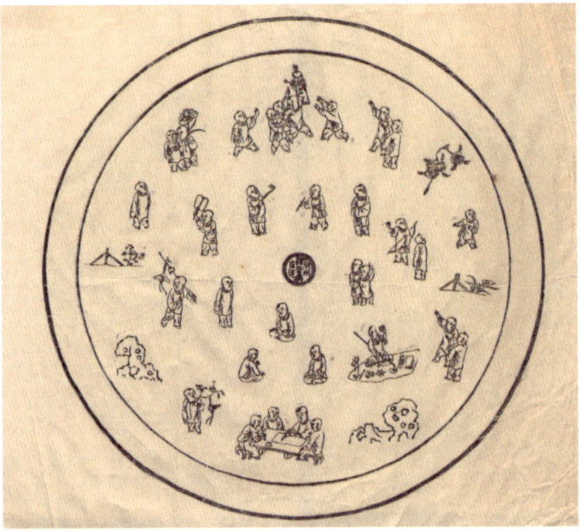

图8-11-2　国博藏清代百子图镜拓本（国博供图）

图8-12　百子图镜局部之一（范立摄影）

顶平面铸七字楷书阳铭“湖州薛晋侯自造”。镜钮上下形成一条纵向中轴线，自上而下安排了四组分量最重的人物组合，分别为：五子夺魁（盔）、两子相向而立持笔与执如意、三子盘腿而坐斗草、四子围坐裁纸习书。在其外侧，布置单人、双人、山石及花草。左上角立有两子，分别执荷花、捧盒，“荷”与“和”谐音，“盒”通“合”，有“子孙和合”的寓意。其下方立童子一人，肩扛长戟，下坠一磬，“戟”与“吉”音同，“磬”即“庆”音，暗含“吉庆有余”的意象。左下角一童子手持桂枝，下坠绶带，“桂”音通“贵”，“绶”通“寿”，或有“贵寿无极”之意。

该镜通体呈灰褐色。镜背以白描手法单线勾勒，铸出人物、植物及山石形象，儿童形象突出，共计32人（图8-11）。此镜在构图上独具匠心，以镜钮为中心，大致分为内外两区来布置人物形象，分布均匀、疏密有致，组成一幅生动活泼的《百子图》，充满浓郁的生活气息（图8-12、图8-13），在此类题材的百子图镜中实属罕见。

源自汉、唐、宋、清，不同朝代、不同风格的镜子，静静陈列于国博，无言诉说着岁月的流逝。尤其是“中国大宁，子孙益昌”的镜上铭文，穿越时空，表达出古人的美好心愿。

图8-13　百子图镜局部之二（范立摄影）

国博龙镜撷英

中国国家博物馆收藏的古代铜镜数量将近一万面。笔者从中选择出50面与龙纹相关铜镜进行详细记述，以充分展示龙纹形象的发展演变轨迹。可以将其分为战国、两汉、三国孙吴、隋唐、宋辽金、元明清六个时期。其中，战国镜5面，汉镜19面，三国孙吴镜2面，隋唐镜11面，宋辽金镜6面，元明清镜7面。这一部分的学术价值主要体现在资料性、艺术性方面，为学界提供较为重要的国博龙纹镜资料。同时，尽可能将铜镜图片局部放大，使得纹饰之美清晰呈现在读者面前。

1. 三龙镜　　战国

图9-1-1　三龙镜（国博供图）

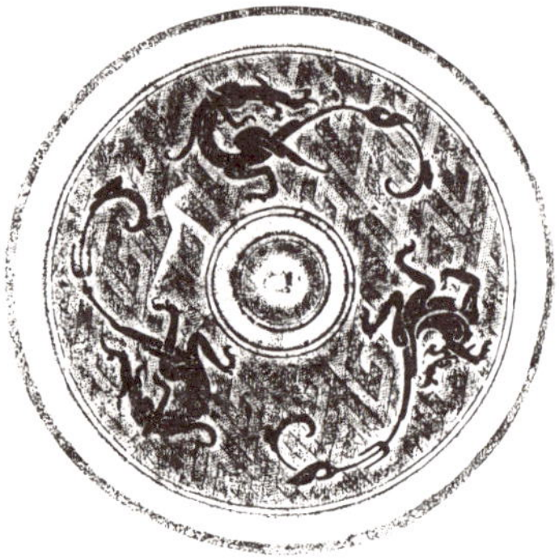

图9-1-2　三龙镜拓本（国博供图）

圆形钮座外环绕凹面形重缘圈带一周。圈外等距配置三条龙纹，呈行走顾盼状，逆时针方向排列。龙首回顾，头上长角，长吻，张口，长尾呈细长弧形内卷。地纹为双线勾连丁字纹，内填碎点纹。外围两周细弦纹圈。素卷缘（图9-1、图9-2）。

镜背主纹为三龙纹，减地平雕，置于地纹之上，主体纹饰突出。两条龙纹保存较好，锈蚀较轻，另一条龙纹锈蚀严重。馆藏编号为C5.2683，直径13.7厘米，缘厚0.3厘米。《馆藏铜镜选辑（一）》《中国国家博物馆馆藏文物研究丛书·铜镜卷》（以下简称《铜镜卷》）、《镜里千秋：中国古代铜镜文化》（以下简称《镜里千秋》）著录[1]，国博“镜里千秋：中国古代铜镜文化”（以下简称“镜里千秋”）展览展出。

1　杨桂荣:《馆藏铜镜选辑(一)》,《中国历史博物馆馆刊》总17期，1992年，第125、131页，图16；中国国家博物馆编:《中国国家博物馆馆藏文物研究丛书·铜镜卷》上，上海古籍出版社，2022年，第60-61页，图20；王春法主编:《镜里千秋：中国古代铜镜文化》，北京时代华文书局，2020年，第64页。

图9-2　三龙镜局部（范立摄影）

2. 三龙十六连弧镜　　战国

图9-3-1　三龙十六连弧镜（国博供图）

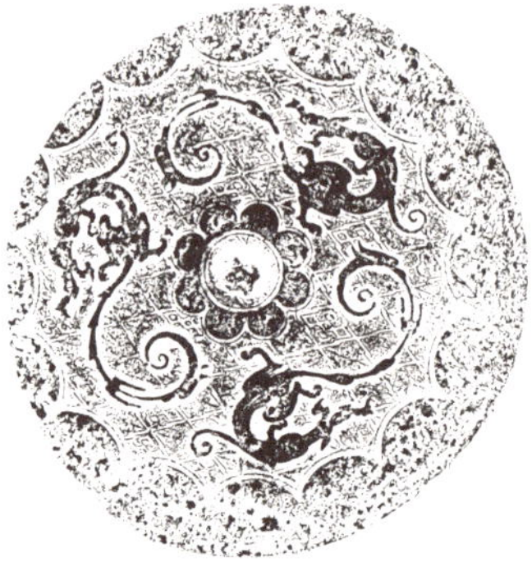

图9-3-2　三龙十六连弧镜（国博供图）

圆钮座外围八出葵花纹。其外等距置以三条龙纹，三龙头上长角，龙首回顾，龙口大张，身躯呈S形，龙尾细长宛转，后扬内卷。以菱形格内填云雷纹作为地纹。十六内向连弧纹镜缘（图9-3、图9-4）。镜体呈银灰色，因钮座周围、镜缘一周锈蚀严重，覆以绿锈。馆藏编号为C5.582，直径14厘米，缘厚0.2厘米。《馆藏铜镜选辑（一）》《铜镜卷》著录[1]，国博“古代中国”基本陈列展出。

此类形制的三龙镜，镜钮一般为圆形，外围凹面形环带，镜缘最常见的是十二内向连弧纹，还有十五内向连弧纹[2]。而国博藏镜圆钮座环绕八出葵花纹，镜缘为十六内向连弧纹，为目前所仅见。

1　杨桂荣:《馆藏铜镜选辑(一)》,《中国历史博物馆馆刊》总17期，1992年，第126、132页，图24；中国国家博物馆编:《中国国家博物馆馆藏文物研究丛书·铜镜卷》上，第59页，图19。

2　孔祥星、刘一曼主编:《中国铜镜图典》，文物出版社，1997年，第80-82页。

图9-4　三龙十六连弧镜局部（国博供图）

3. 蟠螭纹镜　战国

图9-5　湖南长沙侯家塘13号战国墓出土蟠螭纹镜（霍宏伟摄影）

此镜为三弦钮，圆形钮座外围凹面形圈带、弦纹各一周。其外有三条蟠螭纹围绕钮座，回环往复，屈曲宛转。蟠螭头部较大，瞋目张口，头上长角后扬。云雷纹地。素卷缘（图9-5、图9-6）。

镜体保存良好，呈黑色，有光泽，品相上乘。馆藏编号为湘博0446，直径14.4厘米，缘厚0.6厘米。1955年，湖南长沙侯家塘13号战国墓出土。《湖南出土铜镜图录》《镜里千秋》著录[1]，国博“镜里千秋”展览展出。

1　湖南省博物馆编：《湖南出土铜镜图录》，文物出版社，1960年，第59页，图33；王春法主编：《镜里千秋：中国古代铜镜文化》，第74页。

图9-6　湖南长沙侯家塘13号战国墓蟠螭纹镜局部（范立摄影）

4. 蟠螭纹镜　战国

图9-7-1　蟠螭纹镜（国博供图）

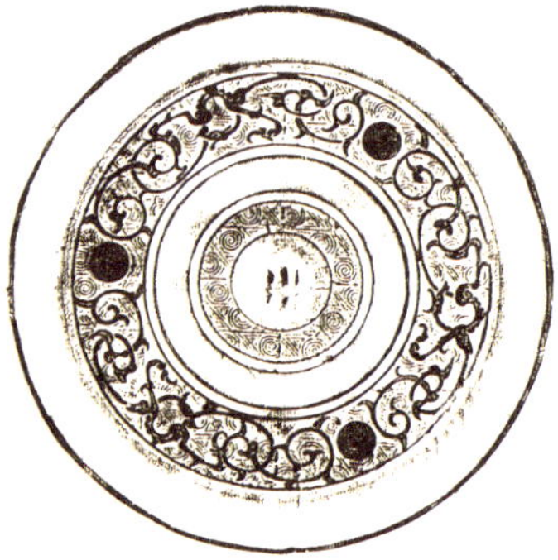

图9-7-2　蟠螭纹镜拓本（国博供图）

此镜为三弦钮，圆钮座外围涡纹与三角纹构成的云雷纹圈一周、两周绳纹圈夹一周凹面形圈带。圈带外等距配置三个圆饼形纹，其间饰以三条蟠螭纹。蟠螭头部居中，接近圈带，身躯修长，弯曲回环。地纹为涡纹与三角纹组成的云雷纹。素卷缘（图9-7、图9-8）。

镜背主纹蟠螭纹为浅浮雕，构图严谨、设计巧妙，用曲线来表现蟠螭的灵动与柔美。以圆饼纹作为分割空间的基点，这种做法极为少见。馆藏编号为C5.562，直径14厘米，缘厚0.7厘米。《馆藏铜镜选辑（一）》《铜镜卷》《镜里千秋》著录[1]，国博“镜里千秋”展览展出。

1　杨桂荣：《馆藏铜镜选辑（一）》，《中国历史博物馆馆刊》总17期，1992年，第127、135页，图37；中国国家博物馆编：《中国国家博物馆馆藏文物研究丛书·铜镜卷》上，第68-69页，图26；王春法主编：《镜里千秋：中国古代铜镜文化》，第72页。

图9-8 蟠螭纹镜局部（范立摄影）

5. 透雕蟠螭纹镜　战国晚期

图9-9-1　江陵张家山201号战国楚墓出土透雕蟠螭纹镜（国博供图）

图9-9-2　江陵张家山201号战国楚墓透雕蟠螭纹镜线描图（《江汉考古》1984年2期，第16页，图四）

该镜为柿蒂纹钮座。由重环纹、三角雷纹及短斜线纹组成的两周圈带，将镜背分为内外两区。内区以镜钮为中心，十字对称，分为四组两两相对的蟠螭纹。均为侧面形象，弧形短角，圆眼，张口，身躯呈S形，屈曲柔美，尾部向上翻起内卷。外区为双线交叉几何纹带。平素缘（图9-9、图9-10）。

此镜为透雕，镜面嵌于镜背之中。纹饰繁缛，装饰华丽。原器物号为M201：8，国博馆藏编号为Y2000，直径20.5厘米、缘厚0.4厘米。1976年，湖北江陵县张家山201号战国楚墓出土[1]。著录于《馆藏铜镜选辑（一）》《中国青铜器全集·铜镜》《铜镜卷》《镜里千秋》[2]。

1　荆州地区博物馆：《江陵张家山201号楚墓清理简报》，《江汉考古》1984年2期。

2　杨桂荣：《馆藏铜镜选辑（一）》，《中国历史博物馆馆刊》总17期，1992年，第128页，图52，封底；中国青铜器全集编辑委员会编：《中国青铜器全集》16卷《铜镜》，文物出版社，1998年，第15页，图15；中国国家博物馆编：《中国国家博物馆馆藏文物研究丛书·铜镜卷》上，第72页，图29；王春法主编：《镜里千秋：中国古代铜镜文化》，第214-215页。

图9-10　江陵张家山201号战国楚墓透雕蟠螭纹镜局部（范立摄影）

6. 昭明蟠螭纹镜　　西汉

图9-11-1　昭明蟠螭纹镜

图9-11-2　昭明蟠螭纹镜拓本（国博供图）

该镜背中心以蟠螭首为钮、躯体为钮座。环绕绳纹、短斜线纹圈各一周，夹一周篆书体阳铭带，共计二十四字："内请（清）质以昭明，光辉象夫日月。心忽穆而愿忠，然壅塞而不徹。"圈带之外，伸出三片三重尖叶纹，等距分布，将纹饰分为三区。每区置以蟠螭纹的侧面形象，头生独角，昂首曲颈，螭口大张，四肢前伸，身躯起伏，长尾后卷。身体上覆压以两片尖叶纹为一组的波状纹，沿弦纹圈内侧分布。外围两周弦纹圈。素卷缘（图9-11、图9-12）。

纹饰为浅浮雕，圈式构图，以三叶划分空间，布置主纹。此类镜罕见。馆藏编号为C5.595，直径17厘米，缘厚0.6厘米。《馆藏铜镜选辑（二）》《铜镜卷》《镜里千秋》著录[1]，国博"镜里千秋"展览展出。

1　杨桂荣：《馆藏铜镜选辑（二）》，《中国历史博物馆馆刊》总18-19期，1992年，第209-210、217页，图7；中国国家博物馆编：《中国国家博物馆馆藏文物研究丛书·铜镜卷》上，第80-81页，图34；王春法主编：《镜里千秋：中国古代铜镜文化》，第82页。

图9-12　昭明蟠螭纹镜局部

7. 鎏金中国大宁四神博局镜　西汉后期

图9-13-1　长沙北郊伍家岭211号西汉墓出土鎏金中国大宁四神博局镜（国博供图）

图9-13-2　长沙北郊伍家岭211号西汉墓鎏金中国大宁四神博局镜拓本（国博供图）

在四叶纹钮座之间，饰以四个面目狰狞的兽首纹，独角直立，双耳斜伸，圆眼扁口，口部两侧有胡须，外围双线阳纹方框。框外以一周双弦纹圈加四枚等距分布的乳丁纹，将镜背分为内、外区。内区以方框外四面正中的双线“T”字形，与外区边缘的“L”“V”相呼应，共同构成了博局纹。内区T形纹之间，分布着四组纹饰，即青龙、朱雀、玄武与人面兽身纹。此镜设计的高妙之处在于，对镜背纹饰的处理手法灵活多变。它将内、外区之间的弦纹圈有时作为一道似乎无法逾越的界限，有时则将其打破，内、外区的纹饰合为一体，才能看到其整体形象，仿佛一只神兽自由穿行于内、外区之间。例如，青龙龙首位于内区，身躯则在外区，瞋目张口，龙角高耸，低颈躬身，蜷曲龙体，脊背隆起，后肢用力蹬地，好似要钻过双线弦纹圈，长尾舒展下放内卷。

外区边缘一周饰以密集的短细线纹。接近镜缘处，有一周五十二字铭文带。其中，“中国大宁”四字铭文令人印象深刻（图9-13、图9-14）。

该镜背动物纹饰均为浅浮雕，线条细腻流畅，繁缛复杂，屈曲回环，灵动飞扬，动感极强。镜背通体鎏金，属于特种工艺镜，罕见。因长期处于墓葬之中，镜体断裂，有当代人修补的痕迹。该镜曾于2017年国博举办的“秦汉文明”展览上作为最具特色的一件展品，放置于展览末尾，因为镜铭中的“中国大宁”四字，不仅寄托着两千多年前汉代人对于天下太平、国泰民安的向往，而且道出了今人的美好心声。此镜在考古发掘报告中的编号为M211：20，国博馆藏编号为Y205，直径18.6厘米，缘厚0.6厘米。《铜镜卷》《镜里千秋》著录[1]，国博“镜里千秋”展览展出。

1951—1952年，这面铜镜出土于长沙城北约四里的伍家岭211号西汉后期墓内，年代大约自西汉武帝至新莽时期。从该墓清理出一些非同寻常的随葬品来看，墓主人生前具有一定的身份、地位。由于长沙地区土壤为酸性，所以一般墓中尸骨已腐朽无存，未留痕迹。考古学者根据棺椁范围与随葬品的配置推测，此墓应该是一座合葬墓[2]。

1　中国国家博物馆编：《中国国家博物馆馆藏文物研究丛书·铜镜卷》上，第112-115页，图55；王春法主编：《镜里千秋：中国古代铜镜文化》，第102-103页。

2　中国科学院考古研究所：《长沙发掘报告》，科学出版社，1957年，第1-3、91-92、116、122-123、172页。图六八，图版肆玖：1。M211：32，图版陆柒：3；M211：20，图版陆捌：1；M211：3，类似M255：2，图版陆玖：1。

图9–14　鎏金中国大宁四神博局镜局部（范立摄影）

8. 鎏金桼言四神博局镜　新莽

图9-15-1　西安东郊十里堡出土鎏金桼言四神博局镜

图9-15-2　西安东郊十里堡鎏金桼言四神博局镜拓本（国博供图）

圆形钮座外四面环绕十二枚乳丁，其间为十二辰篆书体阳铭，分别为“子、丑、寅、卯、辰、巳、午、未、申、酉、戌、亥”，外围以双线方框。框外四面各置两枚圆座乳丁，夹有T形纹，与其外侧L形纹对峙，方框四隅外与V形纹相对，由此形成博局图式。框外四面分置青龙、白虎、朱雀、玄武四神，并与其他瑞兽形成组合。其中，青龙和羽人隔直角为邻，相向而行。汉代匠师以简洁、概括的线条来刻画行龙的神态，抬头挺胸，头生尖角，吻部趋方，身形矫健，长尾后扬，呈行走状。博局纹之外，饰以两周细弦纹圈，夹一周旋读三十五字篆书体阳铭：“桼言之纪从镜始，仓（苍）龙居左虎在右，辟去不羊（祥）宜古（贾）市，长保二亲利孙子，寿敝金石西王母。”铭文带外侧，为一周短斜线纹。其外一周为边饰区，平面起棱，略高于主区平面，自内向外，分别为锯齿纹、凸弦纹各一周。云气纹缘（图9-15、图9-16）。

整个镜背鎏金，镜体呈现出金黄色，主区中的双线方框、博局纹及凸起的镜缘边饰锯齿纹、弦纹圈、云气纹带均为银灰色，与鎏金所呈现出的金黄色交相辉映。镜体因长期埋于地下，保存环境不佳，故主区及镜缘局部覆以绿锈，部分纹饰、铭文不甚清晰。

新中国成立以来，陕西西安汉长安城遗址周围发掘出数以万计的汉墓，发现大量铜镜，所出鎏金镜却是罕见，该镜堪称珍品。馆藏编号为Y215，直径16.5厘米，缘厚0.5厘米。1956年，陕西西安东郊十里堡出土，《铜镜卷》《镜里千秋》著录[1]，国博“镜里千秋”展览展出。

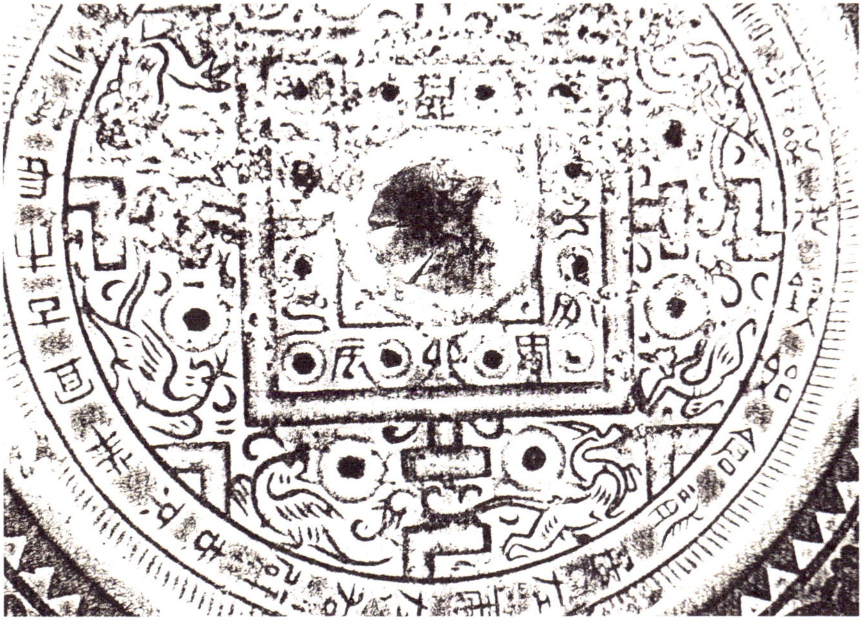

图9-16　鎏金李言四神博局镜拓本局部（国博供图）

1　中国国家博物馆编：《中国国家博物馆馆藏文物研究丛书·铜镜卷》上，第122-123页，图57；王春法主编：《镜里千秋：中国古代铜镜文化》，第100-101页。

9. 新有善铜四神博局镜　新莽

图9-17-1　新有善铜四神博局镜

图9-17-2　新有善铜四神博局镜拓本（国博供图）

圆钮座外四面环绕乳丁十二枚，其间饰以篆书体十二辰阳铭，分别为“子、丑、寅、卯、辰、巳、午、未、申、酉、戌、亥”。外围以双线方框，框外四面各有两枚圆座乳丁，其间夹T形纹，与其外侧的L形纹相对，双线方框四隅和V形纹对峙，形成博局构图。方框外与一周铭文带之间，四面各置四神与禽兽形象。从其构图呼应关系来看，应该是四神与框外四隅纹饰相配，呈顺时针方向排列，即青龙和羽人、朱雀与瑞鸟、白虎与独角瑞兽、玄武与独角瑞兽，均为以线条造形。其中，青龙龙首昂起，吻部突出，颌下有须，头生尖角，四肢较短，呈行走状，长尾后扬内卷。汉代匠师抓住了行龙最突出的特点，线条简洁、概括，造型古朴、生动。

博局纹之外，饰以两周细凸弦纹，夹一周左旋读四十九字篆书体阳铭：“新有善铜出丹阳，和以银锡清且明，左龙右虎□□□，朱爵（雀）玄武顺阴阳，□子九□治中央，刻娄（镂）博局去不羊（祥），家常大富宜君王。”

铭文带之外，环绕栉齿纹一周。其外一周为边饰区，平面起棱，略高于主区平面，自内向外，分别饰以锯齿纹、凸弦纹各一周，云气纹缘（图9-17）。整个镜背纹饰均为浅浮雕，大量使用线条来表现各类形象，线条纤细而精微。镜体呈黑褐色，保存较好，泛起一层薄绿锈，颇具古朴优雅之风。馆藏编号为南京2，直径20.5厘米，缘厚0.5厘米。《铜镜卷》《镜里千秋》著录[1]，国博“镜里千秋”展览展出。

1987年，周铮先生根据中国历史博物馆藏一幅铜镜拓本上的铭文“刻娄博局去不羊（祥）”一句提出，以往称为规矩镜的铜镜应改名为“博局镜”[2]。今将上述铜镜实物图片与其发表拓本仔细比对，可以看出应该是同一面镜子。以往认为仅见镜拓、实物下落不明的博局镜，亦收藏于国博。此镜拓本曾著录于《中国铜镜图典》，称仅存镜拓，铜镜实物下落不明[3]。与“博局”镜铭相关的铜镜考古发掘品，还有1993年江苏东海县尹湾4号新莽墓出土的八乳神兽博局镜，直径27.5厘米，镜铭中有“刻治六博中兼方，左龙右虎游四彭”一句[4]，可与国博镜铭相互参照。

1 中国国家博物馆编：《中国国家博物馆馆藏文物研究丛书·铜镜卷》上，第124-127页，图58；王春法主编：《镜里千秋：中国古代铜镜文化》，第231页。

2 周铮：《“规矩镜”应改称“博局镜”》，《考古》1987年12期。

3 孔祥星、刘一曼主编：《中国铜镜图典》，文物出版社，1997年，第266页。

4 连云港市博物馆：《江苏东海县尹湾汉墓群发掘简报》，《文物》1996年8期，第8页，图一三；第9页，图一四。

10. 四乳羽人四神瑞兽镜　新莽

图9-18　四乳羽人四神瑞兽镜（国博供图）

四叶纹钮座，叶间饰花叶纹。外围两周短斜线纹，夹一周凸弦纹圈带。环绕圈带，等距配置四枚四叶纹座乳丁纹，将纹饰分为四区。四神与其他形象构成组合，逆时针排列，依次为青龙配羽人骑鹿、羽人戏朱雀、白虎配羽人驯瑞兽、羽人骑玄武配羽人骑鹿，皆为以线造型，画面充满汉代人奇异的想像力。其中，在青龙配羽人骑鹿一组纹饰中，龙随鹿后，自左至右同向而行，龙首高昂，吻部前突，龙嘴上下各有三须，尖角后伸，长翼飘逸，四肢劲健，均为三个爪，龙尾呈C形上扬。主区纹饰外饰短斜线纹一周，宽平素缘（图9-18、图9-19）。

该镜背纹饰繁缛复杂，以线造型，用线密集。构思奇异，想象丰富，反映出汉代先民的思想观念与审美风尚。国博镜与《铜镜图案》收录的一面四乳羽人四神禽兽镜拓本在纹饰构图、四神与其他形象的组合方面类似[1]。馆藏编号为C5.3405，直径17.8厘米，缘厚0.6厘米。1981年章立凡捐赠，章乃器旧藏。《馆藏铜镜选辑（三）》《铜镜卷》著录[2]。

1　周世荣编：《铜镜图案》，人民美术出版社，1986年，第15页。

2　杨桂荣：《馆藏铜镜选辑（三）》，《中国历史博物馆馆刊》1993年1期，第113、121页，图82；中国国家博物馆编：《中国国家博物馆馆藏文物研究丛书·铜镜卷》上，第110-111页，图54。

图9-19　四乳羽人四神瑞兽镜局部（国博供图）

11. 田氏七乳羽人四神镜　东汉

图9-20-1　南阳百里奚东汉墓出土田氏七乳羽人四神镜（范立摄影）

图9-20-2　南阳百里奚东汉墓田氏七乳羽人四神镜拓本（国博供图）

此镜为高圆钮，圆钮座。座外环绕一周九枚圆座乳丁，其间饰以单字悬针篆书体阳铭，连读为“长宜子孙”四字。其外有两周凸弦纹圈，夹一周左旋读隶书体阳铭：“田氏作竟（镜）大毋伤，新有善同（铜）出丹阳，涑治银锡清如明，得此竟（镜）家当千万。”二十八字铭文带之外，为主区纹饰，以一条细弦纹圈将其划分为内外两区。内区等距分布四叶座七乳，其间顺时针方向排列七组不同纹饰，包括青龙、朱雀、玄武、白虎四神等多种形象。例如，兽形青龙抬头挺胸，尖角后扬，自龙首至前肢呈S形，四肢强健，阔步向前，长尾高扬，后伸内卷；一只卧羊为正面形象，头生双角左右分开；两位羽人相向而动，一人单腿跪着抚琴，另一人舞盘跳丸；一位羽人挺胸跽坐，S形长尾，左手执锤，右手持一立物。外区纹饰有青龙、白虎、玄武、羽人、三足乌等形象，因外区空间狭长，故上述形象变形夸张，卷曲窄长，蜿蜒回环。其外饰栉齿纹、凸弦纹、联珠

图9-21　南阳百里奚东汉墓出土田氏七乳羽人四神镜局部之一（范立摄影）

纹各一周。接近镜缘处，装饰一周禽兽纹，有龙、虎、朱雀、两只三足乌及九只灵动飞奔的瑞兽（图9-20、图9-21、图9-22）。

主区纹饰均为浅浮雕，羽人、四神等形象以流畅的线条来表现。最外一周纹饰则充分运用减地平雕的手法，刻画出不同的动物形象，突出禽兽动感十足的姿态。镜背呈黑褐色，品相上乘，纹饰、铭文线条细腻清晰，钮座、主区略泛淡绿锈。此镜在考古简报中的器物号为1号，国博馆藏编号为Y217，直径22.7厘米，缘厚0.9厘米。1956年，河南南阳百里奚村东汉前期墓出土[1]。《铜镜卷》《镜里千秋》著录[2]，国博“镜里千秋”展览展出。

1　刘兴长、张居超：《河南南阳百里奚村汉墓的调查》，《考古通讯》1957年6期。

2　中国国家博物馆编：《中国国家博物馆馆藏文物研究丛书 · 铜镜卷》上，第140-143页，图66；王春法主编：《镜里千秋：中国古代铜镜文化》，第92-93页。

图9-22　田氏七乳羽人四神镜局部之二（范立摄影）

12. 吾作明竟神兽镜 东汉

图9-23 吾作明竟神兽镜（国博供图）

在圆形钮座上方，一位神人居中端坐，两侧配置青龙、白虎，昂首张口，其身躯均以弯曲的翼翅与弧形线条做了写意式的简化。龙首双角后扬，细颈弯曲，前肢以弧形线条来表现，一抬一按，错落有致。造型简约，富于美感。

钮座两侧，两位神人隔钮对坐。钮座下方，一只朱雀昂头引颈、展翅而立。外围一周圈带，置方枚与半圆方枚各十，方枚上各铸单字隶书体阳铭，共计十字，左旋连读为“作明三季至商周刻吉羊（祥）”。半圆方枚上饰以涡纹。其外环绕斜锯齿纹圈、铭文带各一周。铭文为左旋读隶书体阳铭，共计四十一字：“吾作明竟（镜），三湅至商，周刻無祀，白见籴卖，季之日月同光，自作大蒹，长乐万宜章，夫百士王至三公，见命羊（祥）。”勾连云纹缘（图9-23、图9-24）。

虽然从整体上看，该镜是传统的圈带式半圆方枚神兽镜，仔细分析布局却是自上而下的三段式，便于布置各类形象。方枚数量由十二枚减少到十枚，方块面积增大，铭文笔画精细。馆藏编号为C5.674，直径9厘米，缘厚0.3厘米。《馆藏铜镜选辑（四）》《铜镜卷》著录[1]。

1 杨桂荣：《馆藏铜镜选辑（四）》，《中国历史博物馆馆刊》1993年2期，第98-99、104页，图15；中国国家博物馆编：《中国国家博物馆馆藏文物研究丛书 · 铜镜卷》上，第153页，图74。

图9-24 吾作明竟神兽镜局部（国博供图）

13. 羽人双龙瑞兽画像镜　东汉

图9-25　羽人双龙瑞兽画像镜（国博供图）

圆钮座方框外四个角隅，各置一圆座乳丁，将镜背分为四区。镜钮上下各有一组羽人戏龙纹。钮上有一神龙身躯为C形，回首顾盼，张牙舞爪，龙尾上扬。羽人立于龙前，手抚龙腿。钮下另有一龙呈飞翔状，四肢凌空，颌下龙须向前飘起。后有一羽人双手驭龙，长发飘飘，一腿立于龙后肢上，另一条腿已悬空。钮左是一只瑞兽舞动前肢，蓦然回首，长尾后扬。钮右是一只神鹿向前奔跑，顾盼回眸。云气纹缘（图9-25、图9-26）。馆藏编号为C5.3098，直径18.6厘米，缘厚0.6厘米。《馆藏铜镜选辑（三）》《铜镜卷》著录[1]。

1　杨桂荣：《馆藏铜镜选辑（三）》，《中国历史博物馆馆刊》1993年1期，第118、128页，图125；中国国家博物馆编：《中国国家博物馆馆藏文物研究丛书·铜镜卷》上，第176页，图83。

图9-26 羽人双龙瑞兽画像镜局部（国博供图）

14. 羽人龙虎瑞兽画像镜　东汉

图9-27　羽人龙虎瑞兽画像镜（国博供图）

该镜为高圆钮，圆钮座外环绕曲线纹与双线方框。框外四隅铸四枚四叶纹座乳丁，将镜背纹饰分为四区。镜钮上方，一只白虎头部昂起，瞋目张口，四爪飞动，长尾后扬。虎尾上、下，各有一羽人。白虎前，另有一羽人。钮下方，一条青龙龙首高昂，龙角后卷，细颈后移，龙口微张，鳞爪飞扬，长尾上翘。龙口前，一羽人跪着捧物喂食。龙尾上，一羽人呈驭龙姿态。龙尾下，立一羽人，双手捧物。龙爪之间，横置两条鱼。

钮左侧，一只长角带翼天鹿赫然而立，抬头曲颈，面前有一羽人正在喂鹿，羽人双脚下横置一鱼。天鹿身后，两羽人正在垂钓，旁置鱼篓。两鱼头浮出水面，已经上钓。钮右侧，一只独角带翼神兽双目圆睁，兽口大张，张牙舞爪。有两羽人，分别位于神兽的头部与尾部。镜缘上，饰以锯齿纹、瑞禽神兽纹带各一周（图9-27、图9-28）。

此镜特别之处在于，对羽人各类活动场景的呈现极其生动，尤其是羽人钓鱼的画面，汉镜中罕见。馆藏编号为C5.2567，直径23.8厘米，缘厚1.1厘米，《馆藏铜镜选辑（三）》《铜镜卷》著录[1]。

1　杨桂荣：《馆藏铜镜选辑（三）》，《中国历史博物馆馆刊》1993年1期，第118、128页，图126；中国国家博物馆编：《中国国家博物馆馆藏文物研究丛书 · 铜镜卷》上，第172 · 173页，图81。

图9-28　羽人龙虎瑞兽画像镜局部（国博供图）

15. 神人龙虎画像镜 东汉

图9-29-1 神人龙虎画像镜（国博供图）

图9-29-2 神人龙虎画像镜拓本（国博供图）

此镜钮座外，环绕双线方框。框外四隅铸乳丁，将镜背分为四区。镜钮上方，一只虎抬头挺胸，向前奔走。钮下方，一条龙昂首张口，张牙舞爪，龙角后扬，四肢强健有力，龙爪均为三个爪，龙尾细而长，上扬内卷。

钮左侧，正中端坐一位神人，右侧有一列三字隶书体阳文榜题“西王母”。西王母面前侧立一羽人双臂抬起，背后一羽人侧身跽坐，双手捧起。钮右侧，与西王母隔钮相对者应是东王公，戴高冠，居中而坐，两位各有一羽人侧身跽坐，双手抬起，呈现出毕恭毕敬的样子。外围凸弦纹两周、栉齿纹一周。接近镜缘处，饰一周云气纹（图9-29、图9-30）。

此镜背纹饰为浅浮雕，镜钮下方还有“西王母”榜题，为确定神人身份提供了准确信息。馆藏编号为C5.3695，直径18.4厘米，缘厚0.5厘米。《铜镜卷》《镜里千秋》著录[1]，“镜里千秋”展览展出。

1 中国国家博物馆编：《中国国家博物馆馆藏文物研究丛书·铜镜卷》上，第166-167页，图78；王春法主编：《镜里千秋：中国古代铜镜文化》，第114页。

图9-30　神人龙虎画像镜局部（国博供图）

16. 柏氏神人车马画像镜　东汉

图9-31-1　柏氏神人车马画像镜

图9-31-2　柏氏神人车马画像镜拓本（《中国历史博物馆馆刊》1993年1期，第126页，图113）

圆形钮座外环绕一周连珠纹。钮座外为主区纹饰，四枚连珠纹圆座乳丁将纹饰分为四区。镜钮上方，四马驾辎车，奔腾驰骋。钮下方，上部有一位武士骑马前行，持矛回身，刺向飞龙。龙首硕大，龙眼圆睁，口部大张，龙角后扬。上身直立，后肢呈跪姿，与武士相搏。下部一位武士骑在马上，张弓搭箭，反身射向一只扑来的猛虎。

钮左侧，一位神人头戴冠，端坐中央，右下角铸三字隶书阳文榜题“东王公”。有一侍者跽坐于其身后，面前有一人行礼叩拜。钮右侧，另一位神人坐于正中，左下角铸三字隶书阳文榜题“西王母”，字小横置，不易辨识。西王母身后一羽人跽坐吹笙，面前两羽人跳七盘舞，下有一羽人侍奉。

主区纹饰之外，环绕一周铭文带，共计四十五字，顺时针旋读，隶书体阳铭：“吴向里柏氏作竟（镜）四夷服，多贺国家人民息，胡虏殄灭天下复，风雨时节五穀熟，长保二亲天力，传告后世乐无极兮。”首字“吴”

与尾字“兮”之间以三枚凸点纹相隔。外围栉齿纹、锯齿纹、双线波折纹、锯齿纹各一周（图9-31、图9-32）。

镜背纹饰为浅浮雕，四分法环绕式构图，主题突出，布局缜密。铸造细致入微，造型能力较强。镜体呈黑色，因历时日久，黑色器表局部斑驳脱落，露出体内淡绿色。在东汉神人车马画像镜上，神人形象有榜题以确定身份者少见。镜背上铸以三字隶书阳文榜题“东王公”者较少，而在一面镜上，同时出现榜题“东王公”“西王母”者更是少见，另见于浙江绍兴出土的一面东汉神仙画像镜上[1]。国博藏柏氏神人车马画像镜就是这样一面两者兼备的铜镜，较为珍贵。馆藏编号为C5.648，直径20.1厘米，缘厚0.8厘米。传浙江绍兴出土。《馆藏铜镜选辑（三）》《铜镜卷》《镜里千秋》著录[2]，国博“镜里千秋”展览展出。

图9-32　柏氏神人车马画像镜局部

1　王士伦、王牧：《浙江出土铜镜》修订本，文物出版社，2006年，图版32，图版说明第229页。

2　杨桂荣：《馆藏铜镜选辑（三）》，《中国历史博物馆馆刊》1993年1期，第116、126页，图113；中国国家博物馆编：《中国国家博物馆馆藏文物研究丛书·铜镜卷》上，第158-161页，图76；王春法主编：《镜里千秋：中国古代铜镜文化》，第117页。

17. 盘龙镜　东汉

图9-33-1　盘龙镜（国博供图）

图9-33-2　盘龙镜拓本（《中国历史博物馆馆刊》1993年1期，第130页，图139）

镜背之上，一条为侧面形象的盘龙环绕镜钮，龙首向右。瞋目张口，尖角后伸。仿佛龙的部分身躯压于镜钮之下，钮下方露出龙爪、卷尾。外围栉齿纹、锯齿纹各一周。斜缘（图9-33、图9-34）。

此镜为传统的圈带式构图，盘龙纹为浅浮雕，充分运用线条的表现力，来展示盘龙的形象。镜体呈灰褐色，局部为绿锈所覆盖。馆藏编号为C5.615，直径9.3厘米，缘厚0.5厘米。《馆藏铜镜选辑（三）》《铜镜卷》著录[1]。国博盘龙镜与广东广州、河南南阳东汉晚期墓出土盘龙镜，无论是铜镜形制，还是纹饰布局，皆有诸多相似之处，由此可以判定其年代应属于东汉晚期。

1　杨桂荣：《馆藏铜镜选辑（三）》，《中国历史博物馆馆刊》1993年1期，第119、130页，图139；中国国家博物馆编：《中国国家博物馆馆藏文物研究丛书·铜镜卷》上，第178页，图85。

图9-34　盘龙镜局部（国博供图）

18. 赵氏作双龙镜　　东汉

图9-35　赵氏作双龙镜（国博供图）

圆钮座外环绕双龙，首尾相接，呈逆时针方向排列。龙首高昂，龙角后扬，双眼凸出。龙身造型相同，均呈S形，龙身卷曲，仿佛身躯中段为一枚大宝珠所压，后半段又从宝珠下钻出，后肢一屈一伸，长尾下垂后卷。外围凹面形宽带一周，钮上方铸三字隶书体阳铭“赵氏作”。环绕栉齿纹一周。高起于主区平面的边饰区内，饰以锯齿纹、勾连云纹各一周。窄素缘（图9-35、图9-36）。

该镜背整体布局为圈带式，主区纹饰为对称式构图。由于主区空间的狭小，镜匠大胆地将龙身中段舍弃，巧妙地将龙首及身体前半段、后半段与钮座对接，从而形成虚实结合。此镜的双龙纹设计，确实达到了“言有尽而意无穷”的高妙境界。镜体呈银灰色，镜缘一周被绿锈覆盖，如同历经悠远岁月之后留下的时间印痕。馆藏编号为C5.616，直径13.2厘米，缘厚0.7厘米。《馆藏铜镜选辑（三）》《铜镜卷》著录[1]。

1　杨桂荣:《馆藏铜镜选辑(三)》,《中国历史博物馆馆刊》1993年1期，第119、129页，图134；中国国家博物馆编:《中国国家博物馆馆藏文物研究丛书 · 铜镜卷》上，第179页，图86。

图9-36　赵氏作双龙镜局部（国博供图）

19. **龙虎镜** 东汉

图9-37 绍兴漓渚出土龙虎镜（国博供图）

在圆形钮座两侧，分别铸以龙、虎侧面形象，龙虎隔钮相向对峙，神态相同，昂首，瞪目，张口，腹部仿佛为镜钮所压。钮左侧，一龙双角后扬，弓背屈腿，龙爪撑地。钮右侧，一虎蜷腿蹬地。钮下方，龙尾与虎尾相互交缠。外围凸弦纹两周、栉齿纹一周。在高起于主区平面的边饰区，环绕一周变形蟠螭纹。斜缘（图9-37、图9-38）。

此镜背为浅浮雕，主区纹饰为左右对称式构图，将镜钮作为画面的一部分，融入龙虎纹之间，立意新颖。浙江绍兴出土三面东汉龙虎镜，直径分别为12厘米、11.9厘米、13.3厘米；浙江省博物馆还收藏有四面东汉龙镜[1]，构图与国博镜相同，细节略有差异。由此推测，东汉时期这一地区龙虎镜的使用较为盛行。一些汉镜铭文中“左龙右虎辟不羊（祥）”一句，是对龙虎镜图像含义的最佳诠释。东汉马融曾撰写以《龙虎赋》为题的汉赋[2]，可见龙虎组合是汉代人喜欢运用的题材内容，反映在汉代文学艺术的诸多方面。国博镜馆藏编号为浙197，直径12厘米，缘厚0.8厘米。浙江绍兴漓渚出土。《铜镜卷》《镜里千秋》著录[3]，国博“镜里千秋”展览展出。

1 王士伦、王牧：《浙江出土铜镜》修订本，文物出版社，2006年，图版87、88、93，89-92。

2 费振刚等校注：《全汉赋校注》下册，广东教育出版社，2005年，第822页。

3 中国国家博物馆编：《中国国家博物馆馆藏文物研究丛书 · 铜镜卷》上，第183页，图90；王春法主编：《镜里千秋：中国古代铜镜文化》，第121页。

图9-38　绍兴漓渚出土龙虎镜局部（国博供图）

20. 长宜子孙龙虎镜 东汉

图9-39 长宜子孙龙虎镜（国博供图）

镜背主体纹饰为一龙一虎隔钮相峙，皆为侧面形象。双目圆睁，龙口大张，口前有珠，龙角后扬。脊背呈圆弧形拱起，鳞片层叠，前肢、后肢简化处理，均以S形双线构成。龙首与虎首之间有一“子”篆书阳铭，龙体前后肢之间有篆书阳铭“长宜孙”，虎尾下压一铭文“子”，合读为“长宜子孙”（图9-39、图9-40）。这一铭文是汉镜中的常用词汇，反映出汉代人有强烈的子嗣繁衍、家族兴旺的美好愿望。馆藏编号为C5.626，直径11.7厘米，缘厚0.9厘米。《馆藏铜镜选辑（三）》《铜镜卷》著录[1]。

1 杨桂荣:《馆藏铜镜选辑(三)》,《中国历史博物馆馆刊》1993年1期，第119、129页，图133；中国国家博物馆编:《中国国家博物馆馆藏文物研究丛书·铜镜卷》上，第180页，图87。

图9-40　长宜子孙龙虎镜局部（国博供图）

21. 青羊作龙虎镜　东汉

图9-41-1　青羊作龙虎镜（国博供图）

图9-41-2　青羊作龙虎镜拓本（《中国历史博物馆馆刊》1993年1期，第130页，图138）

镜背以一龙一虎作为主体纹饰。龙首与虎头之间，用一枚圆形方孔的“五朱”钱纹相隔。两者部分身躯似被圆形镜钮覆压。龙口大张，吐出龙舌，吻部上卷，龙角后伸，脊背拱起。下有“青羊作”三字阳铭，“青羊”含义尚未确定。斜缘（图9-41、图9-42）。

此镜背上的形象塑造均为浅浮雕加阳线，龙虎身躯上还饰以凸点纹。通过点、线、面、体的共同刻画，呈现出龙虎相斗的生动场面。因历经时代久远，故银灰镜体上局部生锈，深褐色与绿锈点相互映衬，平添了些许深邃、古朴的味道。馆藏编号为C5.661，直径9.8厘米，缘厚0.4厘米。《馆藏铜镜选辑（三）》《铜镜卷》著录[1]。

1　杨桂荣:《馆藏铜镜选辑(三)》,《中国历史博物馆馆刊》1993年1期，第119、130页，图138；中国国家博物馆编:《中国国家博物馆馆藏文物研究丛书·铜镜卷》上，第181页，图88。

图9-42　青羊作龙虎镜局部（国博供图）

22. 青盖龙虎镜　东汉

图9-43　青盖龙虎镜（国博供图）

圆形钮座之外，一龙一虎隔钮相峙。龙首的表现方式较为奇特，是俯视加侧视的视觉效果，可以看到龙头鼻梁右侧的眼睛、耳朵。瞋目张口，龙角后扬。一半身躯呈半月形隆起，鳞甲凸显，另一半为镜钮所压，故四肢未见。神龙下方，有一弧形线纹。它与一只立羊之间，有两字隶书体阳铭“青盖”。主体纹饰之外，环绕短直线纹、锯齿纹各一周。窄平缘（图9-43、图9-44）。

关于此镜龙纹下方的弧形线纹，有“怪兽”“一蛇”两种说法。若仔细观察龙体下方，这条弧形线纹与龙身外侧的弧形轮廓线相接；再看与龙相对的虎纹下部，一条S形纹从圆形钮座下钻出，这正是虎尾。中国人自古讲究对称平衡，有虎尾必有龙尾，笔者认为龙纹下方的弧形线纹应是龙尾。馆藏编号为C5.634，直径9.1厘米，缘厚0.4厘米。《馆藏铜镜选辑（三）》《铜镜卷》《镜里千秋》著录[1]，国博“镜里千秋”展览展出。

1　杨桂荣：《馆藏铜镜选辑（三）》，《中国历史博物馆馆刊》1993年1期，第119、130页，图136；中国国家博物馆编：《中国国家博物馆馆藏文物研究丛书·铜镜卷》上，第182页，图89；王春法主编：《镜里千秋：中国古代铜镜文化》，第122页。

图9-44　青盖龙虎镜局部（国博供图）

23. 龙氏龙虎镜　东汉

图9-45　龙氏龙虎镜（国博供图）

镜背上的主体纹饰为龙虎隔钮相峙，均为侧面形象。昂首张口，头部硕大，身躯短小。龙爪后紧随一龙，形象、姿态与第一条龙相同。龙首硕大，张口含珠，吻部上翘，龙角粗壮后伸。用一半圆弧形写意式地表现身躯，两个三角形锐角叠加代表龙足。整个造型夸张变异，显得与众不同。

外围铭文带、栉齿纹各一周。铭文共计四十四字，为旋读篆书体阳铭："龙氏作竟（镜）四夷服，多贺君家人民息，胡羌除灭天下复，风雨时节五，官位尊显蒙禄食，长保二亲乐无已。"在高起于主区平面的边饰区上，饰以两周锯齿纹夹一周双线波折纹。斜缘（图9-45、图9-46）。

关于镜铭中"龙氏"的解释，一般认为是铸造铜镜的工匠姓氏。此镜特殊之处在于，龙虎身上装饰了一些类似乳丁纹一样的凸点纹，看上去较为怪异。镜体表面经过技术处理，色泽白亮。馆藏编号为C5.617，直径14.1厘米，缘厚0.95厘米，《馆藏铜镜选辑（三）》《铜镜卷》《镜里千秋》著录[1]，国博"镜里千秋"展览展出。

1　杨桂荣：《馆藏铜镜选辑（三）》，《中国历史博物馆馆刊》1993年1期，第118-129页，图129；中国国家博物馆编：《中国国家博物馆馆藏文物研究丛书·铜镜卷》上，第186-187页，图92；王春法主编：《镜里千秋：中国古代铜镜文化》，第123页。

图9-46　龙氏龙虎镜局部（国博供图）

24. 龙虎双轮镜 东汉

图9-47-1 龙虎双轮镜（国博供图）

图9-47-2 龙虎双轮镜拓本（《中国历史博物馆馆刊》1993年1期，第130页，图135）

镜钮两侧各置一车轮纹，均为八辐条轮，将镜背纹饰分为上下两区，各铸龙、虎，首尾相接，呈顺时针方向排列。龙虎神态类似，均为昂首，瞪睛，张口，呈伏卧状。钮上方，龙角后伸，龙爪撑地。钮下方，虎腿立起，虎爪蹬地。外围栉齿纹一周。高起于主区平面的边饰区上，环绕锯齿纹、波折纹各一周。斜缘（图9-47、图9-48）。

镜背纹饰为浅浮雕，对称式构图，充分运用线条来塑形，龙虎形象稚拙、朴素。该镜背上龙虎形象的布局，不是通常所见龙虎镜的对峙式，而是环绕式。龙虎之间以双轮相隔，既起到分割空间的作用，也会让人联想到车马出行的符号化象征，这些均为此镜的显著特点。馆藏编号为C5.3604，直径9.3厘米，缘厚0.4厘米。《馆藏铜镜选辑（三）》《铜镜卷》著录[1]。

1 杨桂荣:《馆藏铜镜选辑(三)》,《中国历史博物馆馆刊》1993年1期，第119、130页，图135；中国国家博物馆编:《中国国家博物馆馆藏文物研究丛书·铜镜卷》上，第184-185页，图91。

图9-48　龙虎双轮镜局部（国博供图）

25. 四叶八凤佛兽镜　　三国孙吴

图9-49-1　四叶八凤佛兽镜（国博供图）

图9-49-2　四叶八凤佛兽镜拓本（《鄂城汉三国六朝铜镜》，图版81：下）

扁圆形钮，顶部较平。圆形钮座。座外主体纹饰，是以镜钮为中心，四面各突出一桃形叶，叶内各列一尊佛像，均有圆形头光，因为镜背空间狭小，佛像较小，只能采取简化、写意的手法来表现尊容，仅能看出大致轮廓，五官、佛身均已简化。其中，三尊像均为正面像，头部以实心圆点来表现，佛像身体部分轮廓线呈现出凸字形。佛座为六瓣莲花纹，莲尖向下。莲花座两端各有一条伏龙，龙首高昂，龙颈屈曲。

另有一叶内中央一尊为坐像，在莲花座上呈半跏思惟状[1]，一手抬起，与项光相接。其面前跪有一人，身后立有一人，头上均无项光。四片桃形叶之间，饰以四组对凤衔节纹。外围十六内向连弧纹，内置飞禽瑞兽。宽平素缘（图9-49）。此镜为减地平雕。曾经残断为数块，今经修复，基本完整，略有残缺。

1　王仲殊：《关于日本的三角缘佛兽镜——答西田夫先生》，《考古》1982年6期。张保珍：《半跏思惟像研究——从印度到中国》，南京艺术学院博士学位论文，2020年，第79-81页。

关于国博佛兽镜的年代，以往有三国孙吴与西晋两种说法[1]，后有考古发掘报告正式出版，从而可以确定此镜年代。1975年，该镜出土于湖北鄂城鄂钢五里墩墓地M4037。但是，除了上述佛像镜之外，关于该墓的墓葬形制及其他随葬品发掘资料，在考古发掘报告中全无，不知是何原因。该报告提出："可以断定该式镜的主要流行时代在孙吴后期。"[2]由此判断，这面佛像镜的年代应该为三国孙吴时期，它是目前所见中国考古发现年代最早的佛像镜之一。

国博镜在考古发掘报告中的原编号为M4037：1，馆藏编号K9849，直径16.3厘米，缘厚0.4厘米。此镜的相关研究最早发表于王仲殊的一篇论文中[3]。先后著录于《鄂城汉三国六朝铜镜》《馆藏铜镜选辑（四）》《中国青铜器全集·铜镜》《铜镜卷》《镜里千秋》[4]，国博"镜里千秋"展览展出。

1 王仲殊:《关于日本的三角缘佛兽镜——答西田守夫先生》,《考古》1982年6期；俞伟超:《鄂城汉三国六朝铜镜·序》，湖北省博物馆、鄂州市博物馆编:《鄂城汉三国六朝铜镜》，文物出版社，1986年，第6-7页。

2 南京大学历史系考古专业等:《鄂城六朝墓》，第273-275、277页，图199，2，图版105，4、5。

3 王仲殊:《关于日本的三角缘佛兽镜——答西田守夫先生》,《考古》1982年6期。

4 湖北省博物馆、鄂州市博物馆编:《鄂城汉三国六朝铜镜》，图81，图版说明第21页；杨桂荣:《馆藏铜镜选辑(四)》,《中国历史博物馆馆刊》1993年2期，第99页，图19，封底;《中国青铜器全集》16卷《铜镜》，文物出版社，1998年，第100页，图98，图版说明第34页；中国国家博物馆编:《中国国家博物馆馆藏文物研究丛书·铜镜卷》上，第194-197页，图98；王春法主编:《镜里千秋：中国古代铜镜文化》，第262-263页。

26. 鎏金神人神兽镜　三国孙吴

图9-50　鎏金神人神兽镜（范立摄影）

圆钮，钮面饰一错金带翼龙纹，头上长角，吻部上翘，回首顾盼，张牙舞爪，龙尾扬起外卷。圆钮座，座外围绕一周连珠纹加短竖线纹。钮座四面为内区，中央各有一位神人正面端坐像，神人像之间以神兽相隔。第一、二组纹饰相同，隔钮座配置端坐的两位神人，其两侧分铸与神人相背而立的神鸟。第三、四组纹饰相同，皆为两位神人相对而坐。其外两周锯齿纹带之间夹十二方枚，每方枚内有单字隶书阳铭，连读为“吴造明镜，神圣设容，服者卿公”。方枚间置以羽人、神鸟、瑞兽、神龟等纹饰。外区环绕一周羽人划舟、飞龙、走兽、神鸟等纹饰组成的画纹带。勾连蟠螭纹缘（图9-50、图9-51）。除镜钮外，通体鎏金，内区保存较好，接近镜缘局部因磨损严重，鎏金脱落不存，露出镜体本色，呈银灰色。

1971年，在湖北鄂城钢铁厂西山以南古坟堆发掘三国孙吴墓M2115（五四四M13）。出土一面鎏金画像纹缘神兽镜（M2115：14），直径13.1厘米，缘厚0.45厘米[1]。国博藏镜与之在铜镜形制、纹饰布局及制作工

1　南京大学历史系考古专业等：《鄂城六朝墓》，第278页，彩版16，图版106-1。

艺等方面完全相同，仅在四只神兽、方枚之间的装饰等细节上略有差异，由此判定国博藏鎏金神兽镜的年代应是属于三国孙吴时期，其出土地点鄂城涂镇公社毛圹大队亦与考古发掘品所在墓葬位置相距较近。馆藏编号为K9848，直径14.2厘米，缘厚0.4厘米。1977年，鄂城涂镇公社毛圹大队出土。《鄂城汉三国六朝铜镜》《铜镜卷》《镜里千秋》著录[1]，国博“镜里千秋”展览展出。

图9-51 鎏金神人神兽镜局部（范立摄影）

1 湖北省博物馆、鄂州市博物馆编：《鄂城汉三国六朝铜镜》，封面，图版96，图版说明第25-26页；中国国家博物馆编：《中国国家博物馆馆藏文物研究丛书·铜镜卷》上，第202-203页，图102；王春法主编：《镜里千秋：中国古代铜镜文化》，第126-127页。

27. 四神镜　隋

图9-52-1　四神镜

图9-52-2　四神镜拓本（国博供图）

圆形钮座外环绕弦纹圈三周，圈外四面正中各置青龙、白虎、朱雀、玄武四神。其中，青龙昂首曲颈，羽翼后扬，右前肢高举，呈前行状，细长尾向上内卷。四神之间饰以小瑞兽、涡状云气纹。主区之外，绕以双线弦纹圈三周。宽素缘（图9-52、图9-53）。

镜背纹饰均为浅浮雕，主体纹饰四神形象塑造饱满。1958年，湖南长沙陆家冲隋墓M3出土一面四神铭文镜[1]，其四神形象与国博藏镜相似。青龙、白虎肩生翼翅，张牙舞爪，长尾后扬。玄武组合中的龟首与蛇首对峙，蛇身缠绕龟体，上卷呈弧形。由此来看，国博藏四神镜的年代应该是隋代。馆藏编号为C5.690，直径21.5厘米，缘厚1厘米。《馆藏铜镜选辑（四）》《铜镜卷》《镜里千秋》著录[2]，国博"镜里千秋"展览展出。

1　湖南省博物馆：《长沙两晋南朝隋墓发掘报告》，《考古学报》1959年3期，第98页，图十五。

2　杨桂荣：《馆藏铜镜选辑（四）》，《中国历史博物馆馆刊》1993年2期，第101、107页，图32；中国国家博物馆编：《中国国家博物馆馆藏文物研究丛书·铜镜卷》上，第204页，图103；王春法主编：《镜里千秋：中国古代铜镜文化》，第125页。

图9-53　四神镜局部（范立摄影）

28. 四神十二生肖镜　隋

图9-54　四神十二生肖镜

圆钮座之外，以一周双弦纹圈将镜背分为内外两区。内区围绕钮座四面，配置青龙、朱雀、白虎、玄武四神。其中，青龙龙首高昂，身形修长，四肢劲健，羽翼后伸，长尾上扬。外区用双线划分出十二界格，每格内铸一生肖形象，包括子鼠、丑牛、寅虎、卯兔、辰龙、巳蛇、午马、未羊、申猴、酉鸡、戌狗、亥猪十二生肖。四神与十二生肖均呈顺时针方向排列。外围锯齿纹一周。斜缘（图9-54、图9-55）。

国博还收藏有一面纹饰与其相似的四神十二生肖镜，唯镜体稍大厚重，直径18.2厘米，缘厚0.8厘米[1]。洛阳北郊庞家沟出土一面四神十二生肖镜，直径16.9厘米，重615克[2]。20世纪50—70年代，陕西境内出土与征集到四神十二生肖镜八面[3]。综合考虑上述铜镜特点，并将国博镜与陕西西安地区隋墓出土光正随人十二生肖镜、缠枝花十二生肖镜进行比对[4]，可

1　杨桂荣：《馆藏铜镜选辑（四）》，《中国历史博物馆馆刊》1993年2期，第101、107页，图31。

2　洛阳博物馆编：《洛阳出土铜镜》，文物出版社，1988年，图69。

3　陕西历史博物馆编：《千秋金鉴：陕西历史博物馆藏铜镜集成》，三秦出版社，2012年，第285-290页。

4　唐金裕：《西安西郊隋李静训墓发掘简报》，《考古》1959年9期；陕西省文物管理委员会：《陕西省出土铜镜》，文物出版社，1959年，第97页，图87。

以确定其年代应属于隋代。馆藏编号为C5.688，直径17厘米，缘厚0.5厘米。《馆藏铜镜选辑（四）》《铜镜卷》《镜里千秋》著录[1]，国博“镜里千秋”展览展出。

图9—55 四神十二生肖镜局部

1 杨桂荣:《馆藏铜镜选辑(四)》,《中国历史博物馆馆刊》1993年2期，第101、106页，图30；中国国家博物馆编:《中国国家博物馆馆藏文物研究丛书·铜镜卷》上，第205页，图104；王春法主编:《镜里千秋：中国古代铜镜文化》，第133页。

29. 淮南起照神兽十二生肖镜　隋

图9-56-1　淮南起照神兽十二生肖镜

图9-56-2　淮南起照神兽十二生肖镜拓本（国博供图）

圆形，圆钮，圆钮座，环绕竹节纹圈一周。外围八边形双线框，自钮座向外伸出八条射线，将镜背内区分为八个小的区域，自钮座向外分为三周。钮座外的第一周为单字铭文带，为八字篆书体阳铭，连读为“作明富贵，宜至为公”。座外第二周为神人神兽带，相间配置，包括东王公、西王母、四神及其他神兽。其中，青龙身形清瘦，细颈高扬，龙首下伸，呈回顾状。龙口微张，龙角后卷，四肢舞动。

第三周为八个凸起的半圆涡纹等距分布，其间饰以玄武、卷草纹、圆圈纹、两个方枚，方枚上铸有四字篆书体阳铭“君宜大吉”。外围一周铭文带，共计四十八字，旋读楷书体阳铭：“淮南起照，仁寿传名，琢玉斯表，容金勒成，时雍炎晋，节茂朱明，爰模鉴彻，用拟流清，光无亏满，叶无枯荣，图形览质，千载为贞。”边饰为十二生肖、飞鸟纹带及云纹带各一周。其中，辰龙与巳蛇相伴，身躯修长，昂首向前，龙尾翘起内卷。窄素缘（图

9-56、图9-57）。

镜背纹饰为浮雕，构图复杂，层次丰富。纹饰繁缛，铭文清晰，铸造精良，堪称珍品。1978年，陕西永寿出土一面淮南起照神兽镜，直径25厘米，现藏陕西历史博物馆[1]。国博镜比此镜略小，铜镜形制、纹饰布局及基本要素完全相同。馆藏编号为C5.2619，直径24.1厘米，缘厚0.7厘米。《馆藏铜镜选辑（四）》《铜镜卷》《镜里千秋》著录[2]，国博“镜里千秋”展览展出。

图9-57 淮南起照神兽十二生肖镜局部

1 朱捷元：《陕西永寿孟村发现隋代铜镜》，《文物》1982年3期，第94页；《中国青铜器全集》16卷《铜镜》，第105页，图版一〇三，图版说明第35页。

2 杨桂荣：《馆藏铜镜选辑（四）》，《中国历史博物馆馆刊》1993年2期，第109-110、117页，图1；中国国家博物馆编：《中国国家博物馆馆藏文物研究丛书·铜镜卷》上，第208-209页，图106；王春法主编：《镜里千秋：中国古代铜镜文化》，第138-139页。

30. 净月澄华龙凤镜　隋至初唐

图9-58-1　净月澄华龙凤镜（国博供图）

图9-58-2　净月澄华龙凤镜拓本（《中国历史博物馆馆刊》1993年2期，第119页，图14）

圆形钮座外，斜立双重锯齿纹圈将镜背分为内外两区。内区一条盘龙侧面形象环绕钮座弯曲，面向右侧。龙首高昂，头生双角，瞋目曲颈，前肢一前伸、一后扬，龙脊拱起，后肢齐并，龙尾缠腿，上扬内卷。龙爪均为三个爪。一只凤鸟伫立于钮座右侧，展开双翼，长尾后翘，一爪撑地，一爪抬起。外区为一周铭文带，铸有八字楷书体阳铭，连读为“净月澄华，镜发菱花”，其间以花饰相隔。外围两周锯齿纹。斜缘（图9-58、图9-59）。

镜背纹饰为浅浮雕，龙大凤小；龙为侧面形象，姿态怪异。与其大小、形制、布局、边饰相同，龙纹造型近似的是收藏于湖南省博物馆的一面龙纹镜。略有不同的是，该镜钮右侧无凤鸟，环绕龙纹的铭文带文字内容不同，共计二十字[1]。此类镜数量少见。国博镜馆藏编号为C5.3410，直径10.3厘

1　湖南省博物馆编：《湖南出土铜镜图录》，文物出版社，1960年，第161页，附录图版20。

米，缘厚0.8厘米。1981年，章立凡捐赠，章乃器旧藏。《馆藏铜镜选辑（四）》《铜镜卷》著录[1]。2017—2018年，国博举办“爱国情怀：章乃器捐献文物展”，展出了这面铜镜[2]。

图9-59 净月澄华龙凤镜局部（国博供图）

1 杨桂荣：《馆藏铜镜选辑（四）》，《中国历史博物馆馆刊》1993年2期，第111、119页，图14；中国国家博物馆编：《中国国家博物馆馆藏文物研究丛书·铜镜卷》上，第218页，图115。

2 吕章申主编：《爱国情怀：章乃器捐献文物》，北京时代华文书局，2018年，第57页。

31. 双盘龙镜　　唐

图9-60　河南陕县湖滨区唐墓出土双盘龙镜（国博供图）

图9-61　隋代大业四年苏师统墓出土神兽镜（《考古与文物》2010年3期，图版二：1）

此镜主体纹饰为两条盘龙环绕镜钮而行，首尾相连，刻画的均为侧面形象。龙首高昂，吻部上翘，眼珠凸出，龙角后伸内卷。身躯纵长，略呈弧线形，鳞片密布。前肢伸展，后肢一屈一伸，肘毛细密，龙爪均为三个爪。龙体后有一S形细长龙尾，其中一段为伸展的后肢所压，另有一小段衔于盘龙口中，剩余龙尾垂直而下内卷。其外分布双弦纹圈三周，内饰以短竖线纹、三角纹各一周，略有残损。宽斜素缘（图9-60）。

该镜纹饰为浅浮雕，运用大量涡纹，装饰性较强。镜背呈深褐色，局部泛起淡绿锈。构图及细部仿自汉镜，如多重圈带式构图、作为边饰的三周双弦纹夹两周锯齿纹。双龙衔尾的内容题材，曾盛行于汉代空心画像砖上[1]，此类纹饰在唐镜中罕见。该镜背上的盘

1　霍宏伟：《大英博物馆藏汉代人像砖柱出土时间地点及功能探微》，《故宫博物院院刊》2020年2期。

龙造型独特，与常见的唐代盘龙镜上龙纹不同。根据盘龙数量的不同，唐代盘龙镜分为两类，一类是单盘龙镜，此类镜所见较多；另一类是两条龙盘旋于钮外，罕见，仅见1979年西安市文物商店移交西安市文物保护考古所的一面，为传世品，直径20.7厘米[1]。曾有学者提出，唐代有双龙纹镜，仅在传世品中偶见而无出土者，且传世镜双龙作对称伫立状[2]。国博藏双盘龙镜为唐墓出土的考古发掘品，足见其珍贵的程度。唐代白居易《感镜》云："照罢重惆怅，背有双盘龙。"[3]张说《咏镜》云："隐起双蟠龙，衔珠俨相向。"[4]两首诗作均以生动的文学形式，描述了双盘龙镜在唐代人们社会生活中的使用状态。

值得一提的是，2009年陕西西安市长安区韩家湾村发掘隋大业四年（公元608年）苏统师墓，出土一面神兽镜，直径14.9厘米，厚0.4厘米（图9-61）[5]。其多圈式的构图、具有汉镜遗风的装饰手法与国博镜有相似之处。所以，国博镜的铸造年代亦有可能早到隋代，出土于唐墓之中，说明此镜在唐代继续使用。馆藏编号为K5101，直径13.9厘米，缘厚0.8厘米。1957年，河南陕县唐墓出土，《铜镜卷》著录[6]。

1 孙福喜主编：《西安文物精华·铜镜》，世界图书出版西安公司，2008年，第93页，图80。

2 孙守道：《辽代铜镜研究·序》，刘淑娟：《辽代铜镜研究》，沈阳出版社，1998年，第1页。

3 谢思炜撰：《白居易诗集校注》卷一〇《感伤二》，中华书局，2009年，第802页。

4 中华书局编辑部点校：《全唐诗》（增订本）卷八六《张说二》，中华书局，1999年，第932页。

5 陕西省考古研究院：《西安南郊隋苏统师墓发掘简报》，《考古与文物》2010年3期，第6页，图四，图版二，1。

6 中国国家博物馆编：《中国国家博物馆馆藏文物研究丛书·铜镜卷》上，第277页，图158。

32. 盘龙镜（一） 唐

图9-62-1　盘龙镜（国博供图）

图9-62-2　盘龙镜（《中国历史博物馆馆刊》1994年1期，第126页，图102）

形制为八出葵花形，内切圆形。一条神龙腾空而起，绕钮而行，跃然镜上。龙首高扬，转颈顾盼，双角耸峙，瞋目张口，长舌外吐，凝视龙珠。身躯健硕，双翼后展，四肢有力，鳞片密布，背鳍突显，腹甲隐见，肘毛细腻。四肢皆为三个爪，左后腿被龙尾缠绕。四朵祥云分别飘浮于龙体四面，烘托出一种飞龙在天的神秘气氛。镜缘处饰以花鸟、蝶花，生动、活泼，充满现实的生活气息（图9-62、图9-63）。环绕式构图，浅浮雕精致入微，大唐之风扑面而来。馆藏编号为C5.723，直径19厘米，厚0.4厘米。《馆藏铜镜选辑（五）》著录[1]。2000年，为了弘扬中国历史悠久的龙文化和庆祝千禧龙年，国家邮政局发行了《龙（文物）》一套六枚特种邮票，其中第四枚唐代盘龙纹铜镜邮票的创作原型就来自国博的这面铜镜。

1　杨桂荣:《馆藏铜镜选辑(五)》1994年1期，第118、126页，图102；中国国家博物馆编:《中国国家博物馆馆藏文物研究丛书·铜镜卷》上，第276页，图157。

关于此类铜镜的定名，有“单龙镜”“云龙镜”等不同称谓。唐代扬州铸镜的史实，在《异闻录》《酉阳杂俎》《国史补》等文献中均有记述，充满着神秘的传奇色彩。其中，龙护老人的《铸镜歌》已明确指出了此类铜镜的名称：“盘龙盘龙，隐于镜中。分野有象，变化无穷。”[1]在唐代孟浩然诗作《同张明府清镜叹》中亦有反映：“妾有盘龙镜，清光常昼发。自从生尘埃，有若雾中月。”[2]所以，笔者以唐代文献为准，将此类铜镜称为“盘龙镜”。

图9-63　盘龙镜局部（国博供图）

1　（宋）李昉等编：《太平广记》卷二三一《器玩三》引《异闻录·李守泰》，第1771页。

2　《全唐诗》卷一五九《孟浩然》，第1634页。

33. 盘龙镜（二） 唐

图9-64-1 盘龙镜（国博供图）

图9-64-2 盘龙镜拓本（《中国历史博物馆馆刊》1994年1期，第127页，图104）

八出葵花形，圆钮。一条盘龙自左至右，环绕镜钮。头生双角，龙首高昂，曲颈回顾，瞋目张口，唐代镜师将圆钮作为龙珠来设计，颇具匠心。龙体健硕，鳞爪飞扬。体势呈凹形，较为夸张，重心位于龙腹。前肢一爪扬起，另一爪下撑；后肢一爪略屈，一爪后伸，与龙尾相缠。龙体周围环绕八朵云纹（图9-64、图9-65）。

镜背纹饰为浅浮雕，构图丰满，龙纹造型气势磅礴，铸造精致细腻。镜体银亮，局部锈蚀。径大厚重，直径超过30厘米，在唐代盘龙镜中罕见，应是当时皇家御用之物。馆藏编号为C5.3621，直径31.6厘米，厚0.8厘米，《馆藏铜镜选辑（五）》《铜镜卷》著录[1]。2024年，国博“龙肇新元：甲辰龙年新春文化展”展出。

1 杨桂荣：《馆藏铜镜选辑（五）》，《中国历史博物馆馆刊》1994年1期，第118、127页，图104；中国国家博物馆编：《中国国家博物馆馆藏文物研究丛书·铜镜卷》上，第274-275页，图156。

图9-65　盘龙镜局部（国博供图）

34. 螺钿盘龙镜 燕圣武元年（唐至德元年，公元756年）

图9-66 螺钿盘龙镜（国博供图）

镜背主体纹饰为一条盘龙镜钮而行，呈顺时针方向环绕。龙首向左，回顾镜钮，龙口大张，似有神龙衔珠之意。双角后扬分叉，双目圆睁。身形健硕，龙鳞刻画层层叠叠、细致入微。前后肢粗壮有力，分布于近镜缘处。前肢分列龙首下部左右，前伸后屈，张牙舞爪，龙爪均为三爪，前肢后爪略残，仅存两爪。后肢位于镜钮左上方与右侧。龙尾略残，绕于后肢前侧。龙体下方及右侧、接近镜缘处，饰以七朵祥云纹。平素缘（图9-66）。

镜钮及边缘略有锈蚀，泛起淡绿锈。若仔细观察整个镜背细微之处，可以充分感受到神龙腾空、鳞爪飞扬的磅礴气势。馆藏编号为Y218，直径22厘米，缘厚1.5厘米。1957年，河南三门峡市区工地1914号燕圣武元年（公元756年）墓出土[1]。《馆藏铜镜选辑（五）》《中国青铜器全集·铜镜》《铜镜卷》《镜里千秋》著录[2]，国博“镜里千秋”展览展出了此镜的复制品。

1 黄河水库考古工作队：《1957年河南陕县发掘简报》，《考古通讯》1958年11期。

2 杨桂荣：《馆藏铜镜选辑（五）》，《中国历史博物馆馆刊》1994年1期，第119、129页，图117；《中国青铜器全集》第16卷《铜镜》，文物出版社，1998年，第119页，图一一七；中国国家博物馆编：《中国国家博物馆馆藏文物研究丛书·铜镜卷》上，第272-273页，图155；王春法主编：《镜里千秋：中国古代铜镜文化》，第219页。

这种螺钿镜的制作工艺极其复杂。先将蚌壳磨平，再加工成不同部位所需要的各种形状，平雕加阴线刻，一块块进行拼贴，将其粘于镜背。这面螺钿盘龙镜造型，与国博藏另一面盘龙镜上的飞龙造型基本一致[1]，由此推断螺钿盘龙镜的制作，应是以一般工艺盘龙镜为原型，进行再创作、加工，经过多道工序，最终完成。使用一般工艺的盘龙镜存世数量相对较多，但使用特种工艺、螺钿制作的盘龙镜仅此一面，且为出土于唐代纪年墓中的考古发掘品，弥足珍贵。1958年，国庆节期间，故宫博物院举办黄河水库考古展览，展出了这面螺钿盘龙镜[2]。

1 杨桂荣:《馆藏铜镜选辑(五)》,《中国历史博物馆馆刊》1994年1期，第127页，图103。

2 捷:《黄河水库考古展览开幕》,《考古通讯》1958年第10期。

35. 双升龙镜　　唐

图9-67　双升龙镜（国博供图）

图9-68　湖南博物院“方圆之境”展览展出双升龙镜

形制为八出葵花形。以圆形镜钮为中心，两侧各有一条徐徐升起的飞龙，均为侧面形象，对称分布。龙首高昂，双角后扬，长吻翘起，龙口大张。身躯纵长，肩生双翼，一前肢抬起，似托举宝物，另一前肢向后，接近镜缘。后肢一起一落，其中一后肢被龙尾缠绕。两条龙前后，各有祥云环绕。平素缘（图9-67、图9-69）。

该镜为浅浮雕，银灰色镜体，保存状况良好。馆藏编号为保7004836，直径13厘米。此类题材的唐镜较少，仅见2005年江苏仪征市莱茵达工地64号唐墓出土一面双龙镜，直径12.4厘米，厚0.8厘米，现藏仪征市博物馆。湖南博物院收藏有一面双升龙镜，拓本资料已公布[1]。2023年，湖南博物院举办“方圆之境：湖南博物院藏铜镜展”，展出了这面铜镜，镜体为黑漆古（图9-68）。国博镜是目前所见馆藏第三面双升龙镜，较为珍贵，资料信息系首次正式发表。

1　仪征市博物馆编：《仪征出土文物集粹》，文物出版社，2008年，第113页，图105；周世荣编：《铜镜图案》，人民美术出版社，1986年，第55页。

图9-69　国博藏双升龙镜局部（国博供图）

36. 双龙鸳鸯镜　　唐

图9-70-1　双龙双鸳鸯镜（国博供图）

图9-70-2　双龙双鸳鸯镜拓本（《中国历史博物馆馆刊》1993年2期，第125页，图51）

八出葵花形，有一周凸棱将镜背内切出圆形，圆钮。钮上有一条盘龙纹，头生双角，昂首曲颈，身躯宛转，前肢一伏一抬，后肢一扬一屈，接于龙尾，与盘龙镜上的龙形相仿佛。钮下有一条飞龙纹，身形舒展修长，四肢腾空，龙尾上卷。两龙身侧饰以五朵云纹。镜钮两侧，两只鸟相向伫立于折枝覆莲之上。八出葵花形镜缘内，四只蜂蝶与四朵云纹相间配置（图9-70、图9-71）。镜背纹饰为浅浮雕，主纹构图为十字形对称布置，钮下飞龙造型前爪刻画略显粗疏。镜体呈银灰色，有光泽。

1978年，浙江衢州市樟潭公社出土一面此类铜镜，八瓣菱花形，直径14.5厘米；浙江金华地区文物管理委员会藏镜，八出葵花形，直径14.2厘米[1]。国博镜与浙江所见两面唐镜，无论是镜背纹饰构图，还是主体纹饰、边饰，均完全相同，唯后者铸造更显精

1　王士伦、王牧：《浙江出土铜镜》修订本，文物出版社，2006年，彩版68，图版126。

致。馆藏编号为C5.718，直径13.9厘米，缘厚0.9厘米。《馆藏铜镜选辑（四）》《铜镜卷》著录[1]。

图9-71 双龙鸳鸯镜局部（国博供图）

1 杨桂荣：《馆藏铜镜选辑（四）》，《中国历史博物馆馆刊》1993年2期，第115、125页，图51；中国国家博物馆编：《中国国家博物馆馆藏文物研究丛书·铜镜卷》上，第239页，图132。

37. 盘龙双鹊月宫镜　唐

图9-72-1　盘龙双鹊月宫镜

图9-72-2　盘龙双鹊月宫镜拓本（《中国历史博物馆馆刊》1994年1期，第126页，图97）

形制为八出葵花纹，内切圆形。自下而上，分为三个层次的画面。钮下一条盘龙跃出水面，张牙舞爪，卷尾缠腿，左右祥云飘浮。镜钮两侧各有一只长尾鹊鸟，口衔绶带，凌空展翅，相向而飞。上方中间为圆形月宫场景，一棵枝繁叶茂的桂树下，玉兔捣药，蟾蜍起舞，月宫两侧各有一朵祥云烘托气氛。平素缘（图9-72、图9-73）。

1955年，洛阳涧西唐兴元元年（公元784年）陈曦夫妇合葬墓出土一面螺钿高士宴乐镜，另有一面盘龙双鹊月宫镜，直径17厘米[1]，纹饰与国博镜相同。由此可知，国博镜的铸造年代应是中唐。馆藏编号为C5.3076，直径20厘米，缘厚0.6厘米。《馆藏铜镜选辑（五）》《铜镜卷》《镜里千秋》著录[2]，国博“镜里千秋”展览展出。

1　河南省文化局文物工作队第二队：《洛阳16工区76号唐墓清理简报》，《文物参考资料》1956年5期。

2　杨桂荣：《馆藏铜镜选辑（五）》，《中国历史博物馆馆刊》1994年1期，第117、126页，图97；中国国家博物馆编：《中国国家博物馆馆藏文物研究丛书·铜镜卷》上，第243页，图136；王春法主编：《镜里千秋：中国古代铜镜文化》，第155页。

图9-73　盘龙双鹊月宫镜局部

38. 龙虎丹鼎镜（一） 南宋

图9-74 龙虎丹鼎镜（国博供图）

形制为八出棱边形。镜背主体纹饰为一龙一虎自上而下，分列左右。位于镜钮右侧的龙首有角，张口，一前肢举起；钮左侧的虎首，闭口，亦抬起一足，呈现龙虎拱钮之势。其间立一尊三足鼎炉，其上镜钮似一粒金丹腾空而起，南宋匠师已将圆形镜钮视作金丹来进行设计。鼎炉置于水岸之上，岸下水中一只神龟昂首向上。浅浮雕，器体略生蓝锈，纹饰清晰可见。龙虎“尾缠腿”的造型沿袭了唐代盘龙镜的特点，并在此基础上，加入了金丹、鼎炉、水岸、神龟等多种元素，形成了南宋龙虎丹鼎镜的全新风格。其外环绕一周弦纹圈，圈外边饰为具有南宋特色的“踏泥纹”，散布镜缘一周（图9-74、图9-75）。馆藏编号为C5.794，通高19.5厘米，缘厚0.4厘米。《馆藏铜镜选辑（七）》著录[1]。

从目前所掌握的实物资料来看，龙虎加三足鼎炉这种图像组合铸于铜镜之上，数量相对较多，形制多样。关于此类铜镜纹饰的定名问题，已有相关研究论文面世[2]，值得关注。

1 杨桂荣:《馆藏铜镜选辑(七)》,《中国历史博物馆馆刊》1995年1期，第135、138页，图63。

2 李健:《龙从火里出，虎向水中生——为宋元时期道教龙虎镜正名》,《首都博物馆论丛》27，2013年，第278-291页。

图9-75　龙虎丹鼎镜局部（国博供图）

39. 龙虎丹鼎镜（二）　南宋

图9-76-1　龙虎丹鼎镜

图9-76-2　龙虎丹鼎镜拓本（《中国历史博物馆馆刊》1995年1期，第138页，图64）

形制为鼎形，口部略弧，短颈，双耳镂空。鼓腹，下腹内收，圆底，尖足。纹饰位于椭圆形鼎腹。鼎腹中心的镜钮处为一圆形空白，两侧饰龙、虎各一。其中，龙首高昂，曲颈伸爪，身躯沿镜缘盘旋后绕，直至鼎腹上部中央，龙尾突起卷曲。龙前肢一爪在身前抬起，下置一尊三足鼎炉（图9-76、图9-77）。纹饰为浅浮雕，左右对称式构图。因锈蚀严重，龙虎、三足鼎炉纹饰细部为绿锈所掩，不甚清晰。馆藏编号为C5.899，通高16厘米，缘厚0.7厘米。《馆藏铜镜选辑（七）》《铜镜卷》《镜里千秋》著录[1]，国博“镜里千秋”展览展出。

历代镜形一般为圆形，鼎式镜为南宋新铸样式，数量相对较少。龙虎与三足鼎炉构成纹饰题材组合应是宋代新创，南宋尤其盛行。如湖南省博物馆藏有一面南宋嘉熙戊戌龙虎丹鼎纹葵花镜，内区纹饰与国博龙虎丹鼎镜相同，外区为一周铭文带“嘉熙戊

1　杨桂荣：《馆藏铜镜选辑（七）》，《中国历史博物馆馆刊》1995年1期，第138页，图64；中国国家博物馆编：《中国国家博物馆馆藏文物研究丛书·铜镜卷》下，第326页，图197；王春法主编：《镜里千秋：中国古代铜镜文化》，第193页。

戊吴氏淑静”[1]。“嘉熙”为南宋理宗赵昀的第四个年号，“戊戌”为嘉熙二年，即公元1238年。1966年，江西新余市草溪村出土一面南宋龙虎丹鼎菱花形铜镜，镜缘内铸铭，连读为“淳祐六年谨记”[2]。此镜应是南宋理宗淳祐六年（公元1246年）铸造。1959年，江西高安南宋宝祐三年（公元1255年）孙愿墓出土一面龙虎丹鼎纹六出棱边形镜[3]。由此分析，国博镜应属于南宋时期。

图9-77　龙虎丹鼎镜局部

1　中国青铜器全集编辑委员会编:《中国青铜器全集》第16卷《铜镜》，文物出版社，1998年，第177页，图174。

2　章国任:《江西新余市草溪村出土南宋铜镜》,《考古》1998年5期，第79页，图一。

3　陈柏泉、刘玲:《高安、清江发现两座宋墓》,《文物》1959年10期，第86页。

40. 盘龙镜　辽

图9-78-1　盘龙镜（国博供图）

图9-78-2　盘龙镜拓本（《中国历史博物馆馆刊》1994年1期，第127页，图105）

一条神龙围绕镜钮盘旋，布满整个镜背。面向左侧镜钮，龙首高昂，双角耸立，双目大睁，张口吐舌，曲颈后移。身躯弯曲回还，鳞爪飞扬，前肢张开，后肢略屈，向内卷曲的龙尾为一后肢所压。宽素缘（图9-78、图9-79）。

1992年，在内蒙古赤峰市阿鲁科尔沁旗罕苏木苏木朝克图山，发掘出辽代会同四年（公元941年）耶律羽之墓。出土一面鎏金盘龙镜，直径28厘米，厚1厘米[1]。该镜与国博镜在整体布局、纹饰细节等方面均有许多相似之处，为国博镜的断代提供了科学依据。后者馆藏编号为C5.729，直径12.5厘米，缘厚0.3厘米。《馆藏铜镜选辑（五）》《铜镜卷》著录[2]。2024年，国博“龙肇新元：甲辰龙年新春文化展”展出。

1　内蒙古文物考古研究所等：《辽耶律羽之墓发掘简报》，《文物》1996年1期，第4-32页；中国历史博物馆等编：《契丹王朝：内蒙古辽代文物精华》，中国藏学出版社，2002年，第310页。

2　杨桂荣：《馆藏铜镜选辑（五）》，《中国历史博物馆馆刊》1994年1期，第118、127页，图105；中国国家博物馆编：《中国国家博物馆馆藏文物研究丛书·铜镜卷》下，第337页，图205。

图9-79 盘龙镜局部（国博供图）

41. 仙鹤龙凤镜　辽

图9-80-1　仙鹤龙凤镜（国博供图）

图9-80-2　仙鹤龙凤镜拓本（国博供图）

此镜背分为内外两区。内区是在钮外四面各置一只仙鹤，昂首曲颈，伸展双翼，振翅高飞，双腿平直较长，腿下衬托一朵祥云纹。外区四面正中各饰一条C形盘龙，龙口大张，口内含珠，其身形、双翼、四肢及尾部均以一种写意化的表现方式呈现出来，装饰意味较浓。四隅各配置一只双翅展开的凤鸟。接近镜缘处，环绕一周连珠纹圈。斜缘（图9-80、图9-81）。

这面铜镜形制、纹饰布局及动物造型，与国博藏乾统七年四凤镜有诸多相同之处，尤其是近镜缘处装饰一周连珠纹，为典型的辽镜特征，故其年代属于辽代。馆藏编号为C5.3353，直径16.1厘米，缘厚0.6厘米。《馆藏铜镜选辑（八）》《铜镜卷》著录[1]。

1　杨桂荣：《馆藏铜镜选辑（八）》，《中国历史博物馆馆刊》1995年2期，第112、116页，图2；中国国家博物馆编：《中国国家博物馆馆藏文物研究丛书·铜镜卷》下，第338-339页，图206。

图9-81　仙鹤龙凤镜局部（国博供图）

42. 双摩羯镜　　金

图9-82-1　双摩羯镜

图9-82-2　双摩羯镜拓本（《中国历史博物馆馆刊》1996年1期，第130页，图7）

以圆形镜钮为中心，两条摩羯纹分列左上、右下。其身躯均呈S形，密布鳞片，圆弧形鱼尾。龙首侧面形象，一俯一仰，龙口大张，吻部上卷，长舌吐出，独角直立。肩部生出双翼，位于身体两侧，羽翼大展。地纹为飘动的祥云、波光粼粼的水面。宽平素缘（图9-82）。河北张家口市博物馆收藏三面[1]、法国吉美博物馆藏一面皆与国博镜纹饰相似的铜镜。孙机先生认为：唐代从域外引进了一种近似龙纹的摩羯纹。在唐代的器物纹饰中，摩羯的兽首被改成龙头，又添上翅膀，俨然是一条中国式的鱼龙。摩羯在我国虽然常被认为是鱼变成的龙，但始终只有独角，大约表示下真龙一等[2]。所以，在这面铜镜上，见到带有双翼、龙首鱼身的摩羯纹，应是中国文化与印度文化相互交融的具体体现。

1　宋志刚：《张家口市博物馆藏金元摩羯纹铜镜》，《文物春秋》2000年1期。

2　孙机：《神龙出世六千年》，氏著《仰观集：古文物的欣赏与鉴别》，第35-36页。

国博镜馆藏编号为C5.936，直径11.7厘米，缘厚0.5厘米。《馆藏铜镜选辑（九）》《铜镜卷》《镜里千秋》著录，均定为元代[1]。国博“镜里千秋”展览展出。笔者经过认真分析，认为其铸造年代应是金代。理由如下：一是其形制为圆形，圆平钮，平素缘，与国博藏金代镜子局官铸双鱼镜边缘相同[2]，两者纹饰尾部造型相同，均为双圆弧形相接，一大一小，自然张开；二是国博镜背主体纹饰双摩羯纹的构图，与金代承安四年（公元1198年）双龙镜、吉林扶余出土金代双龙镜的纹饰布局相似[3]，皆以镜钮为中心，一上一下，一左一右；三是国博镜摩羯头部的表现方式，与吉林扶余出土金代双龙镜龙首近似，龙首张口，头生尖角，颌下有水须。基于以上三点，故将国博镜年代定为金代。

1　杨桂荣：《馆藏铜镜选辑（九）》，《中国历史博物馆馆刊》1996年1期，第127、130页，图7；中国国家博物馆编：《中国国家博物馆馆藏文物研究丛书·铜镜卷》下，第387页，图245；王春法主编：《镜里千秋：中国古代铜镜文化》，第190页。

2　中国国家博物馆编：《中国国家博物馆馆藏文物研究丛书·铜镜卷》下，第349-350页，图216。

3　呼啸：《隋至清中国纪年铜镜图典》，第53页；《中国青铜器全集》第16卷《铜镜》，图196。

43. 柳毅传书镜　　金

图9-83　柳毅传书镜（国博供图）

圆镜钮左侧有一男一女，拱手而立，似要表现分别时的场景。钮右侧立一童子，牵马回首，恭候主人，即将远行。钮上方枝繁叶茂，老树横枝，仅见枝叶，不见其树。钮下方有三只小羊，或卧或立，或低头吃草。斜素缘（图9-83）。

整个镜背纹饰均为浅浮雕，人物、动物形象塑造较为写意，注重大轮廓的把握，忽略了诸多细节的表现。镜体呈暗红色，保存较好，表面无锈。馆藏编号为Y2011，直径10.9厘米，缘厚0.8厘米。1976年，黑龙江阿城出土。《铜镜卷》著录[1]，国博“古代中国”基本陈列展出。

1964年，吉林洮南城四家子古城出土一面金代柳毅传书镜，直径10.9厘米[2]。国博镜与其形制、纹饰布局、细节刻画、直径大小均同。“柳毅传书”的故事文本源于《太平广记》引《异闻录》：“唐仪凤中，有儒生柳毅者应举下第，将还湘滨，念乡人有客于泾阳者，遂往告别。”途中，偶遇洞庭龙君小女，遵父母之命，配嫁泾川次子，却遭受冷落，牧羊于野。她向柳毅倾诉一番境遇，让他捎书给龙君，以解困境，柳毅欣然同

1　中国国家博物馆编：《中国国家博物馆馆藏文物研究丛书·铜镜卷》下，第372页，图231。

2　张英：《吉林出土铜镜》，文物出版社，1990年，图72。

意千里传书。后来，两人历经曲折，终成眷属[1]。根据这一题材铸造的铜镜，画面主要分为三类：第一类如国博藏镜所展示的，整个镜背空间均为陆地，广东省博物馆藏清代郑芳绘《龙女牧羊图》与其构图类似（图9-84）；第二类是镜钮及其以上部分为陆地，钮以下部分为河水，波涛翻滚，水中有两条鱼在嬉戏[2]；第三类标本是国博收藏的另一面同类题材铜镜，镜背上的龙女与柳毅形象分别立于镜钮左右，隔钮拱手对视，龙女身后有一侍女，为柳毅牵马的小童则移于镜钮下方，根据水波状地纹判断，龙女与侍女立于水上，柳毅与小童站在岸上[3]，与前两类画面完全不同。

图9-84　广东省博物馆藏清代郑芳绘《龙女牧羊图》（朱万章供图）

1　（宋）李昉等编：《太平广记》卷四一九《龙二·柳毅》，第3410-3417页。

2　孔祥星、刘一曼主编：《中国铜镜图典》，文物出版社，1997年，第844-845页。

3　杨桂荣：《馆藏铜镜选辑（八）》，《中国历史博物馆馆刊》1995年2期，第114-115、119页，图21。

44. 至元四年双龙镜　　元至元四年

图9-85　至元四年双龙镜

镜钮外饰一细线方框，框内四隅各有一字楷书体阳铭，连读为“至元四年”。框外上下各有一条龙纹。上方龙纹头左尾右，瞋目张口，鳞爪飞扬，为四爪，状若利钩。龙首前有一龙珠。龙体前后饰以花朵、荷叶纹等。下方龙纹形象与其相似，仅是头右尾左，朝向与前者不同。双龙纹外环绕弦纹圈两周。宽平缘（图9-85）。

镜背纹饰为浅浮雕，构图饱满，双龙形象却无大唐飞龙的气势，唯其为纪年镜，为其他元代铜镜的断代提供了标尺。元代有两个“至元四年”，分别为世祖至元四年（公元1267年）、顺帝至元四年（公元1338年），目前难以断定此镜的具体铸造年代。馆藏编号为C5.935，直径25厘米，缘厚0.6厘米。《铜镜卷》《镜里千秋》著录[1]，国博“镜里千秋”展览展出。2024年，国博“龙肇新元：甲辰龙年新春文化展”展出另外一面，虽然镜背主体纹饰亦为双龙纹，其外却无两周弦纹圈，形制略小，直径21.5厘米（图9-86）。

1　中国国家博物馆编：《中国国家博物馆馆藏文物研究丛书·铜镜卷》下，第386页，图244；王春法主编：《镜里千秋：中国古代铜镜文化》，第188页。

图9-86 “龙肇新元：甲辰龙年新春文化展”展出元至元四年双龙镜局部

45. 洪武二十二年云龙镜 明洪武二十二年（公元1389年）

图9-87-1 洪武二十二年云龙镜

图9-87-2 洪武二十二年云龙镜拓本（国博供图）

镜背上一条降龙呈顺时针方向环绕镜钮。龙首居于钮下，昂首，闭口，吻部上翘，眼上有眉，细角后伸。前肢位于龙体两侧，左爪下按，右爪上扬。一条后腿翻起，压于龙尾之上，形成“腿缠尾”。龙爪均为五个爪。在降龙的地纹上，可见祥云缭绕，波涛汹涌。其左侧接近镜缘处，有一纵长方形框，内铸篆书体十字阳铭“洪武二十二年正月日造”。宽平素缘（图9-87、图9-88）。

馆藏编号为C5.958，直径11.6厘米，缘厚0.6厘米。《馆藏铜镜选辑（十）》《铜镜卷》《镜里千秋》著录[1]。国博“镜里千秋”展览展出。另有一面同类纹饰铜镜，直径10.8厘米，2024年国博“龙肇新元：甲辰龙年新春文化展”展出。

1 杨桂荣：《馆藏铜镜选辑（十）》，《中国历史博物馆馆刊》1997年1期，第115、122页，图8；中国国家博物馆编：《中国国家博物馆馆藏文物研究丛书·铜镜卷》下，第400页，图255；王春法主编：《镜里千秋：中国古代铜镜文化》，第196页。

图9-88　洪武二十二年云龙镜局部

46. 盘龙镜　明

图9-89-1　盘龙镜（国博供图）

图9-89-2　盘龙镜拓本（《中国历史博物馆馆刊》1997年1期，第122页，图11）

形制为八出菱花形，圆形平顶钮，一条盘龙绕钮旋转，首尾相接。龙首高昂，张口伸舌，龙口两侧有两根细长的触须，颌下有一撮水须。龙体健硕，龙鳞密布全身，背鳍、腹甲清晰可见。四肢前伸后收，后腿与龙尾相互交缠，龙爪为三爪，状若鸡爪，缺乏力量感。宽平素缘（图9-89、图9-90）。镜体呈黑褐色，保存状况良好。馆藏编号为5.1001，直径19.8厘米，缘厚0.8厘米。《馆藏铜镜选辑（十）》《铜镜卷》《镜里千秋》著录[1]，国博“镜里千秋”展览展出。

1　杨桂荣：《馆藏铜镜选辑（十）》，《中国历史博物馆馆刊》1997年1期，第115、122页，图11；中国国家博物馆编：《中国国家博物馆馆藏文物研究丛书·铜镜卷》下，第403页，图257；王春法主编：《镜里千秋：中国古代铜镜文化》，第195页。

图9-90　盘龙镜局部

47. 宣德双龙镜　明宣德年间（公元1426—1435年）

图9-91-1　宣德双龙镜

图9-91-2　宣德双龙镜拓本（国博供图）

在镜钮左右两侧，各饰一条龙纹，身躯呈C形对称。龙首尖角，瞪睛张口，长舌吐出。龙脊凸起，鳞甲层叠。四肢均为四爪，前肢一爪高举向珠，形成双龙捧珠之势，另一爪为祥云纹所托。后肢一爪接近镜缘，另一爪扬起。镜钮上方有一横长方形框，内铸“大明宣德年制”六字阳铭。钮下方有一列纵长条形框，铸铭七字“工部监造吴邦佐”，说明此镜应是明宣宗朱瞻基宣德年间（公元1426—1435年）工部所属官营作坊所造，镜铭中的“吴邦佐”，为宣德时期铸铜名匠。外围一周宽带圈，镜缘细窄（图9-91、图9-92）。

馆藏编号为5.3035，直径20.5厘米，缘厚1.3厘米。《馆藏铜镜选辑（十）》《中国青铜器全集·铜镜》《铜镜卷》《镜里千秋》著录[1]，国博“镜里千秋”展览展出。

1　杨桂荣：《馆藏铜镜选辑（十）》，《中国历史博物馆馆刊》1997年1期，第122页，图9；《中国青铜器全集》16卷《铜镜》，第214页，图210；中国国家博物馆编：《中国国家博物馆馆藏文物研究丛书·铜镜卷》下，第401-402页，图256；王春法主编：《镜里千秋：中国古代铜镜文化》，第246页。

图9-92　宣德双龙镜局部

48. 双龙镜　　明

图9-93-1　双龙镜（国博供图）

图9-93-2　双龙镜拓本（国博供图）

此镜的形制较为特殊，为横长方形。镜钮上下各有一条行龙，头右尾左，呈顺时针方向排列。两条龙纹均为侧面形象，昂首向前，闭口，吻部突出，眼、鼻、耳俱见，龙角如一束发向后上翘。龙的四肢均为三爪，前肢一抬一按。脊背隆起，长尾分叉，由两个C形双钩线条组成，后扬内卷。窄斜缘（图9-93、图9-94）。

镜背纹饰为浅浮雕，构图为太极图式，此类形制、纹饰的铜镜少见。馆藏编号为C5.876，镜长13.3厘米、宽9厘米，缘厚0.5厘米。《馆藏铜镜选辑（九）》《铜镜卷》著录[1]，其铸造年代有金、元两种说法，未提及断代依据。今依大顺三年（清顺治三年，公元1646年）双龙镜长尾分叉内卷的特点以及北京明代故宫龙纹石刻、安徽明代徽州双龙纹雕刻纹饰[2]，将此镜年代定为明代。

1　杨桂荣:《馆藏铜镜选辑(九)》,《中国历史博物馆馆刊》1996年1期，第127、130页，图8；中国国家博物馆编:《中国国家博物馆馆藏文物研究丛书·铜镜卷》下，第357页，图221。

2　郑军、徐丽慧:《中国传统龙纹艺术》，北京工艺美术出版社，2012年，第162-163页。

图9–94　双龙镜局部（国博供图）

49. 五子登科镜 明

图9—95 五子登科镜

此镜钮座与状元及第镜相同，仍以两龙一虎的形式来布置钮座，是典型的仿东汉龙虎镜风格。一龙一虎隔钮相对，均为侧面形象，大张其口，躯体环绕镜钮。盘龙的后肢下方，另有一龙紧随其后。龙虎身上均饰有一些凸点纹。铸造仿东汉龙虎镜上的纹饰，有希望后辈登上“龙虎榜”的寓意。

龙虎纹钮座之外四隅，各铸一方框，内有楷书体阳铭，连读为“五子登科”。镜铭涉及的典故，是指在五代后周时期，燕山府窦禹钧的五个儿子均出类拔萃，先后登科及第，取得功名，故称“五子登科”，成为古代家庭教育的范例。源于五代冯道的《赠窦十》诗：“燕山窦十郎，教子有义方。灵椿一株老，丹桂五枝芳。”《宋史·窦仪传》有云：“仪学问优博，风度峻整。弟俨、侃、偁、僖，皆相继登科。冯道与禹钧有旧，尝赠诗，有‘灵椿一株老，丹桂五枝芳’之句，缙绅多讽诵之，当时号为窦氏五龙。”[1]“五子登科”镜铭有期望下一代均能科举应试得中的含义。

钮座上方正中，以寿星为主像，周围饰以仙鹤、祥云等纹饰。钮座两侧各立四位仙人，钮下方有一位力士将托盘中的宝物置于头顶之上。其

1 《全唐诗》卷七三七《冯道》，第8492页；《宋史》卷二六三《窦仪传》，中华书局，1977年，第9094页。

间饰以仙鹤、祥云、方胜、银铤、宝瓶等多宝纹。窄卷缘（图9-95、图9-96）。镜背纹饰为浮雕，镜体呈深褐色。纹饰铸造细腻，构图对称均衡，人物主次分明。馆藏编号为C5.945，直径39.5厘米，缘厚2.5厘米。《铜镜卷》《镜里千秋》著录[1]，国博“镜里千秋”展览展出。

图9-96　五子登科镜龙虎纹钮座

1　中国国家博物馆编：《中国国家博物馆馆藏文物研究丛书·铜镜卷》下，第425页，图274；王春法主编：《镜里千秋：中国古代铜镜文化》，第316-317页。

50. 大顺三年双龙镜　大顺三年（清顺治三年，公元 1646 年）

图 9-97　大顺三年双龙镜（国博供图）

该镜为圆柱形钮，顶平。铸以八字楷体阳铭，分为三列，中间为“大顺三年”，两侧分别为“孟秋”“月造”，合读为“大顺三年孟秋月造”。圆钮座。仿唐镜形制，体现在以一周圆形凸棱将镜背分为内外两区。内区以纵横交错、纤细致密的阴线刻为地纹，以绕钮盘旋、呈行走状的双龙作为主纹，首尾相连，呈逆时针方向旋转排列。双龙独角前扬，龙首回望，短腿，蹄足，前伸后蹬，长尾分叉卷曲。整个龙的形象以浅浮雕写意手法表现，龙身无鳞，以短直线刻为数节。内区龙纹与其外侧凸棱之间有一周素面弦纹带，如同镜缘一般，从而使得内区仿佛一面独立的镜子。若与外区合二为一观赏，呈现出一种镜中镜的视觉效果。外区满饰浅浮雕变形连枝花卉纹。高窄素卷缘（图 9-97、图 9-98）。铜质精纯，镜体呈灰黑色，无锈，保存良好。此镜铸于大顺三年孟秋月（阴历七月）。馆藏编号为 Y1942，直径 10.4 厘米，缘厚 0.8 厘米，1964 年征集。《铜镜卷》《镜里千秋》著录[1]，国博“镜里千秋”展览展出。

以龙纹作为题材的文物数量巨大，绵延不断。据学者考证，自史前至

1　中国国家博物馆编：《中国国家博物馆馆藏文物研究丛书 · 铜镜卷》下，第 404-405 页，图 258；王春法主编：《镜里千秋：中国古代铜镜文化》，第 197 页。

民国，约有六千年的历史[1]。龙纹镜则自春秋至明清，久铸不衰，成为一种重要的铜镜类型。将镜钮顶部形制由弧形变为平顶，并铸以多字阳铭，这是明代始创新的镜钮特点。如国博藏明王母蟠桃铭文镜钮上的“马奉君造”四字阳铭、五子登科铭文镜钮上的“湖州薛茂松造”等。

迄今为止，发现“大顺三年”纪年镜数量较少，馆藏品共计七面。主要收藏于中国国家博物馆[2]、上海博物馆[3]、河南博物院、江西省博物馆等文博单位。1953年，河南省文物工作队征集到一面大顺三年双龙镜，现藏河南博物院[4]。1956年，江西省博物馆在九江市废铜中选购到一面铜镜，钮上铸有“大顺三年孟夏月造”楷书铭文[5]。20世纪80年代初，四川省文物商店收集到一面铜镜。钮上亦铸“大顺三年孟夏月造”铭文[6]。2012年，在整理重庆中国三峡博物馆藏铜镜过程中，该馆学者发现两面形制、纹饰及铭文相同的铜镜，均为“大顺三年孟秋月造”铭文双龙镜[7]。根据镜背内外两区纹饰的差别，可将大顺三年镜分为两种类型。一型镜内区双龙体形健硕，外区饰以疏朗的如意云纹、卷云纹，包括上海博物馆、重庆中国三峡博物馆三件藏品。二型镜内区双龙体形修长，外区饰一周密集的花卉连枝纹，有国博、河南博物院、江西省博物馆、四川省文物商店四件藏品。

2018年，国博举办“江口沉银：四川彭山江口古战场遗址考古成果展”。展出一面银镜、两面铜镜，未见大顺纪年镜。另有彭山文物管理所

1 孙机：《神龙出世六千年》，氏著《仰观集：古文物的欣赏与鉴别》，第10-51页。

2 新中国成立后，最早研究大顺三年镜的学者袁炎兴撰文并公布了一面铜镜的图片，与国博藏镜的纹饰、铭文相同。参见袁炎兴：《张献忠大顺三年铜镜》，《文物》1960年1期。

3 上海博物馆：《练形神冶 莹质良工：上海博物馆藏铜镜精品》，上海书画出版社，2005年，第372页。

4 河南省文物局：《河南省文物志》上卷，文物出版社，2009年，第691页。

5 李恒贤：《从大顺年号镜浅谈对张献忠的历史评价》，《江西历史文物》1981年1期。

6 苏成纪：《张献忠大顺三年铜镜》，《四川文物》1984年2期。

7 夏伙根：《“大顺三年”铜镜与张献忠》，《光明日报》2014年3月29日第9版。

藏“大西大顺二年”铭文金册，江口遗址发掘出水“大顺二年”铭文五十两银锭，西王赏功金银币、大顺通宝铜钱等[1]。

张献忠大西政权制作带有铭文的器物，除了上述展出的金册、银锭、西王赏功金银币、大顺通宝铜钱之外，还有金戒指、铜印等。例如，1984年，四川省绵阳市朝阳机械厂职工在平整房基时，发现一座明末墓葬。出土玉圈、玉戒指及金戒指等。一对金戒指戒圈内壁烙制“大顺赤金”四字铭文[2]。今见传世的大顺年号铜印，铸于大顺元年（公元1644年）的有“都纲之印”，大多数为“大顺二年”（公元1645年）铸造，主要有“骁右营总兵官关防”“西充县练兵守备关防”“离八寺长官司印”“芦山县印”等[3]。这些具有明确纪年、时代特征明显的大顺遗物，材质考究，制作精良，从一侧面反映出明末清初四川成都的铸造业达到了较高水平。

据《明史·张献忠传》记载：明崇祯十七年（公元1644年），张献忠率军攻陷成都，蜀王及妃投井自杀。“献忠遂僭号大西国王，改元大顺。冬十一月庚寅，即伪位，以蜀王府为宫，名成都曰西京。”“顺治三年，献忠尽焚成都宫殿庐舍，夷其城，率众出川北。……至盐亭界，大雾。献忠晓行，猝遇我兵于凤凰坡，中矢坠马，蒲伏积薪下。于是我兵擒献忠出，斩之。”[4]由此推断，“大顺三年”应是公元1646年，即清代顺治三年。目前所见两种铭文的铜镜，分别铸于大顺三年的阴历四月、七月，为张献忠大西军撤离成都之前所铸。

1 王春法主编：《江口沉银：四川彭山江口古战场遗址考古成果展》，北京时代华文书局，2018年，第266页。

2 赵树中：《张献忠“大顺赤金”戒指》，《四川文物》1985年1期。

3 中国历史博物馆编：《中国古代史参考图录》，上海教育出版社，1991年，第146-147页。

4 《明史》卷三〇九《张献忠传》，中华书局，1982年，第7975-7977页。

图9-98　大顺三年双龙镜局部（国博供图）

卷三 见龙

見·龍

见龙在田：

洛阳出土铜镜上的龙纹纵览

人们常说历史是一面镜子。实际上，镜子也是一段凝固的历史，沉默而凝重。大默如雷，大象无形。透过一面面镜子，看到的是故都洛阳变幻无常的历史风云。在70余年的田野考古发掘中，洛阳地区出土铜镜大约3000面，已发表的铜镜资料数量较多，需要进一步整合。铜镜出土范围广泛，包括洛阳市区及所辖县区，涵盖洛阳东周王城遗址、汉魏洛阳故城遗址、隋唐洛阳城遗址及邙山墓区（图10-1）。洛阳出土铜镜上的龙纹，

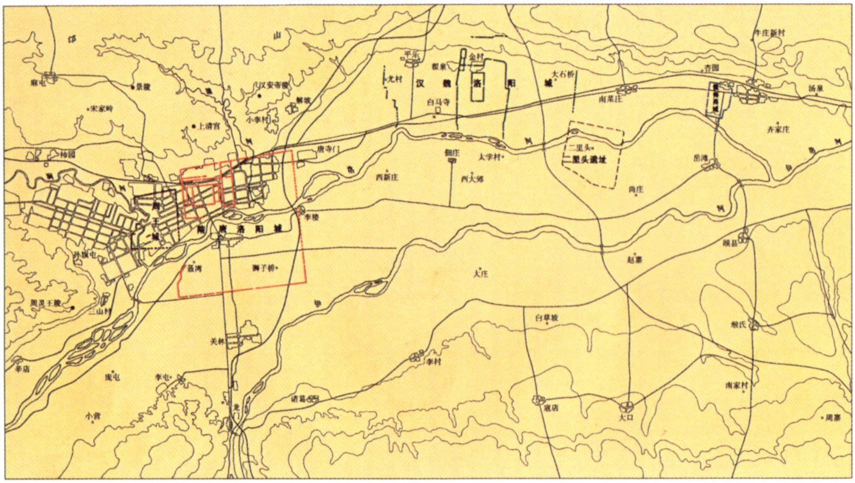

图10-1　洛阳五大都城遗址平面图（《中国社会科学院考古研究所考古博物馆洛阳分馆》，第4页）

图10-2 洛阳金村战国墓位于汉魏洛阳城东北城垣内（王阁供图）

见于战国至宋元时期的镜背。其时代跨度较大，种类丰富，形象生动，可谓地不爱宝、神龙隐见。

一、战国逐鹿

战国时期，风起云涌，群雄并起。洛阳贵为天子之都，聚百工于宫廷，制作了大批王室重器，尽显皇家奢华，其中不乏工艺超常、精美绝伦的镜鉴佳作，如金银错狩猎镜、嵌玉琉璃镜、镶嵌琉璃珠六山镜等，代表了战国铜镜制作的最高水平。战国铜镜主要出土于洛阳东周王城遗址及北郊邙山一带的墓葬中。出土数量虽少，但珍品仍存，如镶嵌料珠琉璃珠包金箔四山镜、镶嵌琉璃珠六山镜、透雕贴金银箔四兽镜、透雕花枝镜等特种工艺镜。

1927—1931年，传洛阳金村战国墓中出土的龙纹镜包括一般工艺镜与特种工艺镜（图10-2）。一般工艺镜有现藏加拿大皇家安大略博物馆（图10-3）、日本永青文库的三龙十二连弧纹镜，龙首昂起，短角后伸，

图10-3　传洛阳金村战国墓出土三龙十二连弧纹镜（《洛镜铜华：洛阳铜镜发现与研究》上册，第53页，图8）

图10-4　传洛阳金村战国墓彩绘透雕三龙镜（《洛镜铜华》上册，第74页，图25）

图10-5　洛阳西工区第一百货公司战国墓透雕四龙镜（《洛镜铜华》上册，第77页，图29）

呈顾盼之姿，两足而行，双翼回转。特种工艺镜有美国弗利尔美术馆藏错金银六龙镜、纳尔逊—阿金斯艺术博物馆藏透雕四龙镜、日本兵库县西宫市黑川古文化研究所藏两面彩绘透雕三龙镜（图10-4）。其设计巧妙，布局妥帖，造型独特，工艺制作复杂程度超出今人的想象，堪称洛阳战国铜镜之精华。1988年，洛阳市西工区第一百货公司战国墓出土一面透雕四龙镜亦为精品。以柿蒂纹钮座为中心，两侧各置一组两条龙纹，瞋目张口，龙角卷起，S形身躯（图10-5），与山东博物馆展出济宁梁山银山出土透雕八龙镜上的龙纹造型相同。洛阳战国铜镜上龙纹特点为，整个身躯为蛇形，大多有龙角，张口，长尾略卷。

二、大汉如风

西汉时期，洛阳为河南郡的治所。新莽之际，为新室东都。东汉光武帝刘秀一统天下，定国都于洛阳。汉镜名品荟萃，种类繁多，如草叶纹镜、星云镜、日光镜、昭明镜、铜华镜、博局镜、神兽镜等两汉时期铜镜，让我们感受到了“大风起兮云飞扬”的汉家豪情。两汉铜镜在汉魏洛阳故城遗址、汉河南县城遗址周边区域的墓葬中发现数量巨大（图10-6），

图10-6 洛阳邙山上的古墓冢（《古都洛阳》，第70页）

田野考古资料发表较多，科学性强，具有断代标尺意义，以1952—1953年洛阳烧沟汉墓出土118面、1957—1958年洛阳西郊汉墓出土175面铜镜最具代表性。

属于西汉早中期的龙纹镜，有洛阳偃师博物馆藏四乳双龙镜、1958年洛阳金谷园8号西汉墓出土双龙双凤镜（图10-7）、洛阳CM1883号西汉墓出土四龙四璧纹镜、洛阳市文物考古研究院藏长相思四龙镜。这一时期的龙形如同长角带足的细蛇，屈曲回环，颇具阴柔之美。即使是1996年洛阳车站公安分局宿舍楼267号新莽墓出土西汉永始二年（公元前15年）四神博局镜上的青龙，其身躯还是婀娜多姿的蛇形。而洛阳烧沟西汉晚期墓一式四神博局镜、四式四乳龙虎镜上龙的身姿已是兽形，昂首扬尾，呈奔跑状。

图10-7-1　洛阳金谷园8号西汉墓双龙双凤镜（洛阳市文物考古研究院供图）

图10-7-2　洛阳金谷园8号西汉墓双龙双凤镜拓本（洛阳市文物考古研究院供图）

及至西汉晚期至东汉早期，四神博局镜盛行，铜镜制作质量提高，出现诸多上乘佳作。作为四神之一的青龙形象，造型各异，体态多姿，为今人提供了大量可视化的神龙雄姿。如1955年洛阳涧西区东方红拖拉机厂4号西汉墓出土尚方博局镜上的青龙纹，洛阳市文物考古研究院藏尚方博局镜上的青龙纹，1953年洛阳烧沟1023号东汉早期墓（图10-8）与烧沟104号墓铜镜上的龙纹，虽然在镜上所占面积较小，形象不甚突出，但若仔细品味，汉代匠师以线造型，简约而具神韵，青龙动人之姿跃然镜上。

另有新莽时期的四乳四神镜亦可称道。例如，1992—1993年洛阳玻璃纤维厂宿舍楼工地461号新莽墓出土四乳四神镜、洛阳西郊3079号新莽墓出土七乳四神镜上的青龙，呈现S形的身躯，四肢用简化的线条勾勒出来，极简而动人。

东汉中晚期，龙虎镜成为当时人们的新宠。如1956年洛阳储运站铁路线18号东汉墓出土位至三公龙虎镜（图10-9），1954年洛阳防洪渠80号东汉墓、1986年洛阳新安县城关镇东扬岭王园村、1988年偃师南蔡庄石桥村三地出土龙虎钱纹镜。后一类镜上一龙一虎夹钮相峙，镜钮上方一枚圆形方孔钱纹赫然出现于龙虎之间，钮下略见后肢与曲尾。

三、晋承汉韵

魏晋北朝成为汉唐巅峰之间的低谷。曹魏、西晋、北魏诸代皆以洛阳为国都，在城中上演了一幕幕历史大戏，折射于铜镜之上的只是一个个王朝模糊的背影。在洛阳出土的魏晋北朝铜镜中，曹魏、北魏铜镜可谓凤毛麟角，大多为四乳镜、三虎镜、四叶八凤镜等西晋铜镜，尤其以位至三公夔凤镜数量最多。魏晋北朝铜镜出土地大多位于汉魏洛阳故城遗址、晋河南县城遗址周围的墓葬中。曹魏、北魏墓随葬铜镜数量极少，西晋墓发现铜镜相对较多，甚至出现一墓放置三面至六面铜镜的现象。

东汉流行的龙虎镜类，在洛阳西晋墓中仍有发现。如1956年洛阳市涧西区东方红拖拉机厂23号西晋墓出土龙虎镜（图10-10），纹饰布局与表现手法沿袭了东汉龙虎镜的特点，并在此基础上演化出了新的镜类三虎镜。

图10-8　洛阳烧沟1023号东汉早期墓尚方四神博局镜（洛阳市文物考古研究院供图）

图10-9　洛阳储运站铁路线18号东汉墓位至三公龙虎镜

图10-10　洛阳涧西区东方红拖拉机厂23号西晋墓龙虎镜（洛阳市文物考古研究院供图）

图10-11-1　洛阳涧西区矿山机械厂宿舍3号西晋墓夔龙镜（洛阳市文物考古研究所供图）

图10-11-2　洛阳涧西区矿山机械厂宿舍3号西晋墓夔龙镜拓本（洛阳市文物考古研究所供图）

图10-12　洛阳烧沟120号东汉墓君宜高官双夔龙镜（《洛阳出土古镜》）

位至三公夔凤镜在洛阳盛极一时，应是当时人追捧的对象，与其风格近似的位至三公夔龙镜却是少见，如1955年洛阳市涧西区矿山机械厂宿舍3号西晋墓出土的一面夔龙镜，在镜钮两侧各饰一条夔龙纹，布局为太极图式，头部呈圆形，眼、口、角以点、线来表现，身形为S形卷曲（图10-11），图案化的处理方式显示出更多的装饰意味。2007年，在洛南新区唐城御府小区西晋墓中亦出土一面纹饰近似的夔龙镜。

此类夔龙镜应是源于东汉的君宜高官夔龙镜。洛阳烧沟120号东汉早中期墓出土一面君宜高官双夔龙镜（图10-12），与上述西晋位至三公夔龙镜背面构图、纹饰造型相似，较为复杂，西晋镜对其纹饰进行了简化，将铭文内容由两列“君宜高官”“长宜子孙”八字改作“位至三公”四字。

四、李唐壮阔

曲折动荡的魏晋北朝之后，迎来了一个国力强盛的隋唐时期。隋炀帝迁都，唐太宗营建洛阳宫，武则天宅京神都，洛阳再次成为鼎盛王朝的都城（图10-13）。洛阳出土隋唐五代铜镜数量众多，尤其以唐镜最具代表性。映衬在唐镜背面的是令人耳目一新的各类纹饰，瑞兽葡萄镜、鸾鸟瑞兽镜、雀绕花枝镜、双鸾衔绶镜、人物镜等彰显着大唐盛世的气度与荣耀。这一时期铜镜一般见于隋唐洛阳城遗址及其周边地区，特别是在城郊一带清理了大批唐墓，积累了丰富的田野发掘资料。墓内随葬铜镜类型多样，螺钿镜、金银平脱镜、银背镜等反映了唐代高超的工艺制作水平。偃师杏园唐代纪年墓出土的50面铜镜，为唐镜分期编年研究提供了珍贵的实物资料（图10-16、图10-17）。

这一时期，镜上龙纹呈现出与众不同的特点。如洛阳郊区庞家沟出土一面隋代四神十二生肖镜，内区四神中的龙首昂起，尖吻突出，青龙的体势更加修长，肩生翼翅，四肢强健，呈行走状，前后有祥云衬托。外区十二生肖中的辰龙与巳蛇为邻，立姿，空间狭小，故以简化、概括的形式来表现其身姿（图10-14）。

图10-13　隋唐洛阳外郭城北城垣遗址

图10-14　洛阳庞家沟隋代四神十二生肖镜（《中国青铜器全集·铜镜》，图100）

图10-15　洛阳偃师杜楼砖厂唐代崔大义夫妇合葬墓四神十二生肖镜（洛阳市文物考古研究院供图）

图10-16　洛阳偃师杏园唐代郑洵墓发掘现场（《偃师杏园唐墓》，图版3-2）

图10-17　洛阳偃师杏园唐代卢氏墓发掘现场（《偃师杏园唐墓》，图版3-1）

初唐镜以2001年洛阳偃师杜楼砖厂崔大义及妻李夫人合葬墓［葬于唐贞观二十一年（公元647年）］出土四神十二生肖镜为代表。自龙首、细颈至前肢，呈现出S形的曲线美。舒展的四肢，飘逸的双翼，后扬的长尾，展示出一种灵动之姿（图10-15）。

盛唐镜的典型例证是1984年洛阳偃师杏园村李景由墓［葬于唐开元二十六年（公元738年）］出土直径为24厘米的盘龙镜，于北京中国考古博物馆展出（图10-18）。还有一面洛阳北窑村出土口中含珠的盘龙镜，在洛阳博物馆举办的“寻迹中国龙：洛阳出土龙文物特展”中展出（图10-19）。唐代盘龙镜大气开张的体势，强健有力的四肢，凝心聚气的神情，鳞爪飞扬的动感，无一不彰显着大唐的非凡气度与万丈豪情。

中唐镜见于1955年洛阳涧西区谷水陈曦夫妇合葬墓［葬于唐兴元元年（公元784年）］出土一面盘龙双鹊月宫镜，自下而上的纹饰分别为盘龙、双鹊与月宫。神龙跃出水面，昂首曲颈，张牙舞爪，一后肢与龙尾相绞缠，两侧各有一朵祥云映衬（图

图10-18 洛阳偃师杏园唐代李景由墓盘龙镜（霍奕然摄影）

图10-19 洛阳博物馆“寻迹中国龙：洛阳出土龙文物特展”展出唐代盘龙镜（黄超供图）

图10-20 洛阳涧西区谷水唐代陈曦夫妇合葬墓盘龙双鹊月宫镜

图10-21 洛阳偃师杏园2503号中唐墓四龙镜（《偃师杏园唐墓》，图版36-5）

图10-22-1 洛阳北窑村出土唐代蟠龙镜

图10-22-2 洛阳北窑村出土唐代蟠龙镜拓本（《洛阳出土铜镜》，图93）

图10-23-1 洛阳博物馆藏唐代飞仙十二生肖镜（洛阳市文物考古研究院供图）

图10-23-2 洛阳博物馆藏唐代飞仙十二生肖镜拓本（洛阳市文物考古研究院供图）

10-20）。值得注意的是，还有一种复古倾向反映在唐代龙纹镜上。偃师杏园村2503号中唐墓出土仿汉镜风格的四龙镜，镜钮两侧各饰一对C形夔龙纹，两两相对，昂首张口，口中含珠（图10-21）。洛阳北窑村出土仿战国蟠虺纹的蟠龙镜，龙首硕大，两两相对，大眼，尖角，身躯回环缠绕，饰以细致入微的云雷纹（图10-22）。

晚唐镜有洛阳偃师杏园村李廿五女墓［葬于唐会昌五年（公元845年）］出土的八卦十二生肖残镜，龙随蛇后，俯首低身，呈行走状。另有洛阳博物馆藏十二生肖飞仙镜，辰龙之姿修长俊秀，昂首向前，吻部前突，双角高耸，四肢舞动，长尾后扬（图10-23）。

由此可以归纳出唐代龙纹的演变轨迹，由初唐的身形修长，到盛唐、中唐的体形健硕，又回到了晚唐的身躯瘦长，并对北宋龙纹的形成产生了一定的影响。

图10-24-1 洛阳龙泉沟西邙山235号北宋壁画墓云龙镜（《洛阳邙山宋代壁画墓》，《文物》1992年12期）

图10-24-2 洛阳龙泉沟西邙山235号北宋壁画墓云龙镜线描图（《洛阳邙山宋代壁画墓》，《文物》1992年12期）

五、宋元梦萦

北宋洛阳虽为太祖赵匡胤的出生地，却未能续写大宋160余年的京都华章，只是作为文化中心的西京，出现在文人吟咏的诗赋里，正如欧阳修的诗句“洛阳地脉花最宜，牡丹尤为天下奇”。在洛阳所见宋金元时期铜镜中，北宋镜所占比例较多，题材以花卉为主，如牡丹镜、芙蓉花镜、菊花镜等，显示出宋人寄情于自然的闲适心境。

这一时期铜镜多见于隋唐洛阳城遗址及其附近地区。所出铜镜数量较少，大多发现于北宋墓中，金、元时期铜镜出土数量寥寥无几，龙纹镜极少。如1990年在洛阳北郊龙泉沟西侧邙山岭地上发掘235号北宋晚期仿木结构砖室壁画墓，出土一面直径24.6厘米的云龙镜。龙首位于镜钮下方，尖吻突出，头上长角。身躯卷曲上卷，绕钮旋转，俨然就是一条巨蟒。双翼于曲颈后扬起，前肢一抬一按，一条后腿与长尾相交缠，另一后

图10-25-1　洛阳郊区红山罗湾村6号金墓龙虎丹鼎镜（洛阳市文物考古研究院供图）

图10-25-2　洛阳郊区红山罗湾村6号金墓龙虎丹鼎镜拓本（洛阳市文物考古研究院供图）

腿为龙体所掩，龙爪均为三个爪（图10-24）。此镜原来是用两股铁鼻贯穿镜钮，用铁钉固定于墓室内顶部，真正体现出“飞龙在天”的寓意。此墓还出土一面直径仅5.3厘米的十二生肖镜，内区铸十二地支铭文，外区相应位置饰以十二生肖像，惜“辰”铭与辰龙形象模糊不清。

1985年，洛阳郊区红山罗湾村6号金墓出土龙虎丹鼎镜，中央镜钮两侧各有一龙、虎，首对镜钮，身形向上盘旋，前肢一起一落，护佑镜钮，后肢与尾相交缠。钮下有一尊三足丹鼎，立于水岸之上。水中有一只神龟，昂首曲颈（图10-25）。其龙虎丹鼎纹饰应是受到了南宋铜镜的直接影响，而降龙造型则是仿自唐代盘龙镜。

洛阳建材厂元代延祐四年（公元1317年）墓出土一面八卦十二生肖镜，双线八角钮座外，分别环绕八卦卦形、十二生肖像、铭文带各一周。辰龙形象不易辨识，似呈行走状（图10-26）。

总之，通过对洛阳出土战国至宋元时期龙纹镜资料较为全面、系统地梳理，可以总结出以下认识：

从时间角度来看，洛阳出土以龙纹为题材内容的铜镜自战国、两汉、西晋，到隋唐、宋金元，时间跨度长达一千余年，十三朝古都的深厚积淀为今人留下了丰富的历史文物遗存。

图10-26　洛阳建材厂元代延祐四年墓八卦十二生肖镜（《洛阳出土铜镜》，图205）

从空间角度分析，龙纹镜均出土于洛阳地区的古墓葬中，北至邙山一线，南达洛河以南区域，西到洛阳涧河以西的谷水、新安县，东至偃师一带。出土地点分布广泛，发现数量较多，尤其以洛阳金村战国大墓、烧沟汉墓、西郊汉墓、洛阳西晋墓、偃师杏园唐墓出土铜镜最具典型性。

就研究对象而言，洛阳所见龙纹镜类型多样，神龙姿态各异、各具特色。包括战国时期的三龙镜、透雕四龙镜、错金银六龙镜；西汉早中期的四乳双龙镜、双龙双凤镜、四龙四璧镜、长相思四龙镜，西汉晚期的四神镜、新莽四神博局镜、东汉中晚期的龙虎镜，西晋位至三公夔龙镜；隋至初唐的四神十二生肖镜、盛唐盘龙镜、中唐盘龙双鹊月宫镜、晚唐十二生肖镜；北宋的云龙镜、金代龙虎丹鼎镜、元代八卦十二生肖镜，反映出一条由蛇形到兽形，再到蛇形的龙纹形态演变轨迹，折射出的是不同时代人们思想观念与审美情趣的逐渐变化。

洛都千载，镜花水月，物是人非。但镜鉴千秋，见龙在田，魅力永恒。

镜子是个两面派

镜子天生就是个乐观的两面派，在充分展示了背影漂亮至极的纹饰之后，露出了“庐山真面目”，大家终于可以看到传说中的镜子正面了。时常听到有人提问：为什么我们经常看到的铜镜图片都是镜子的背面，而没有镜子正面？铜镜的正面到底长啥样？看来大家对古代镜子充满了好奇心，希望看到铜镜正面。这促使我翻检群书，采撷具有正背两面的铜镜图片，回馈读者。

一、汉风遗韵

1953年12月17日，在洛阳烧沟2号西汉中期墓发掘出一面星云镜（图11-1、图11-2）。这是一座平顶空心砖双棺室墓，两室各葬一棺，棺木已朽，仅存少量棺板灰，右棺残存漆皮较厚，推测应该是棺内为朱色、棺外为黑色。左室棺木未加漆。两棺内人骨架均化为粉末，从遗迹来看，应是头北足南。在骨架粉末之下，右棺清理出铁剑、铁刀、铜带钩各一件；左棺出土一面星云镜、一件小铁刀（图11-3）。从棺内随葬品来看，似右棺为男，左棺为女，即这面星云镜见于女棺之中，出于身体左侧肋部。墓内同出其他器物较多，有陶器、铜器及五铢钱等。

图11-1 洛阳烧沟汉墓发掘现场（《科学出版60年》）

图11-2 烧沟2号西汉墓全景（《洛阳烧沟汉墓》，图版贰：4）

图11-3 烧沟2号西汉墓左棺室铜镜出土现状（《洛阳烧沟汉墓》，图版贰：1）

洛阳烧沟2号西汉墓左棺室出土的星云镜，我只是在读《洛阳烧沟汉墓》发掘报告时，看到过黑白照片与拓本，从来没敢奢望有一天能拿着实物仔细观摩。2012年12月，为编撰《洛镜铜华：洛阳铜镜发现与研究》

图11-4　烧沟2号西汉墓出土星云镜

图11-5　洛阳矿山机械厂58号东汉墓出土四乳龙虎镜

一书收集更多的考古发掘资料，我从北京回到了故乡洛阳。12月27日下午，在洛阳市文物考古研究院的文物库房里，看到了这面烧沟汉墓出土将近60年的星云镜。手捧着两千多年前的汉镜，似乎有一种超越时空的感觉。略感遗憾的是，这面星云镜正面已是红锈遍体，偶见绿锈，仅有局部略显镜子原有的光泽，镜面左上部有一条纤细、不易察觉的纵向裂缝。镜面下部有今人书写的白色文物编号，“LSM2：1”表示洛阳烧沟2号墓出土的第一件器物（图11-4）。此外，我还注意到1955年9月洛阳矿山机械厂58号东汉墓出土的四乳龙虎镜，背面纹饰为两龙两虎相间配置，正面大部分已被红斑绿锈覆盖（图11-5）。

据何堂坤先生研究，新铸铜镜经镀锡并打光之后，正面应是光亮崭新的，背面为纹饰，不作映照，色泽灰白。但是，镜子在使用、保管过程中，与人体、空气接触频繁，镜面上的锡容易被氧化，镀层会受到腐蚀使得镜面变黑。东汉徐幹诗作《室思》其三“自君之出矣，明镜暗不治”，说的就是镜面氧化腐蚀的现象。

笔者以为，烧沟2号汉墓出土的星云镜，在地下埋藏了两千多年，重新被发现，随着保存环境的数次变化，镜面包裹重锈在所难免。好在镜背锈蚀较少，星云纹清晰可见，彰显着汉镜独有的韵味与质朴。围绕着圆形镜钮与钮座，在其外饰以诸多大小不一的乳丁纹，其间穿插、连接弧形短线，展示着汉代人的灵感与巧思。因镜背纹饰形状犹如天文星象，所以被称为“星云镜”。《洛阳烧沟汉墓》一书早已成为中国考古学史上的经典之作，2号墓出土星云镜亦因名列其中而成为永恒。汉代日光镜上的铭文“见日之光，天下大明”说的是明镜，虽然烧沟星云镜正面覆锈，却是汉风犹存。

洛阳烧沟汉墓、洛阳矿山机械厂东汉墓出土铜镜均为考古发掘品，为学者研究提供了更加丰富的历史信息。而上海博物馆（以下简称“上博”）收藏的上万面铜镜一般都是传世品，其中有四面与众不同的汉代透光镜值得关注，最具代表性的是一面西汉昭明镜。

上博馆藏的这面略带神秘色彩的透光镜，从外表看起来就是一面极其普通的西汉昭明镜。正面呈灰白色，无锈，似乎照不出人的面容。背面钮座及部分宽平镜缘处附着红斑、绿锈，铭文带及镜缘局部无锈，散发着金属的自然光泽。圆钮座，内区有一同心圆及八曲连弧纹，外饰一周铭文“内清以昭明，光象夫日月兮不世（泄）”。直径12.1厘米（图11-6、图11-7、图11-8、图11-9）。

图11-6　上博藏昭明透光镜背面与正面（《练形神冶　莹质良工：上海博物馆藏铜镜精品》，第146、147页）

图11-7　昭明透光镜侧面（《练形神冶　莹质良工》，第149页）

图11-8　昭明透光镜拓本（《练形神冶　莹质良工》，第144页）

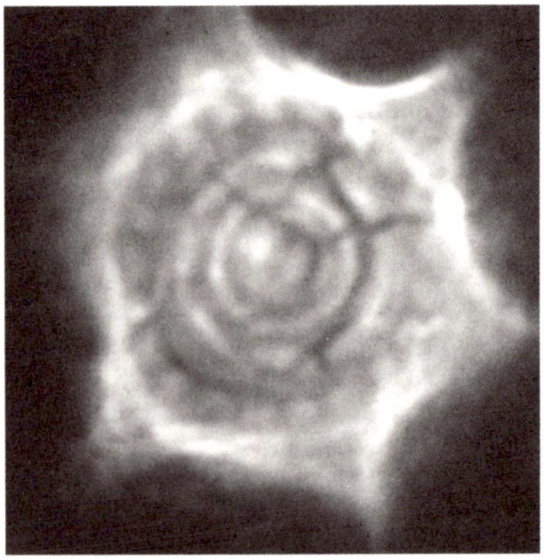

图11-9　昭明透光镜反射象之一（《练形神冶　莹质良工》，第145页）

据上博编纂的铜镜图录介绍，这面镜子不仅正面微凸，平滑光亮，仍可鉴人，更为神奇之处在于，若有阳光或直束光线照耀背面，镜面就能反射出与镜背纹饰、铭文相对应的模糊亮影（图11-10）。另有一种透光形式，是当光亮的镜面承受日光或灯光（聚光）时，墙上就能反映出与镜背相对应的图像，所以被称为“透光镜”。这种镜子能透光的原因，经过模拟试验发现，主要是与镜背纹饰的结构有关。有人认为，北周诗人庾信《镜赋》中所言“临水则池中月出，照日则壁上菱生”，描写的就是透光镜的透光现象。日本人将这类镜子称为“魔镜”。

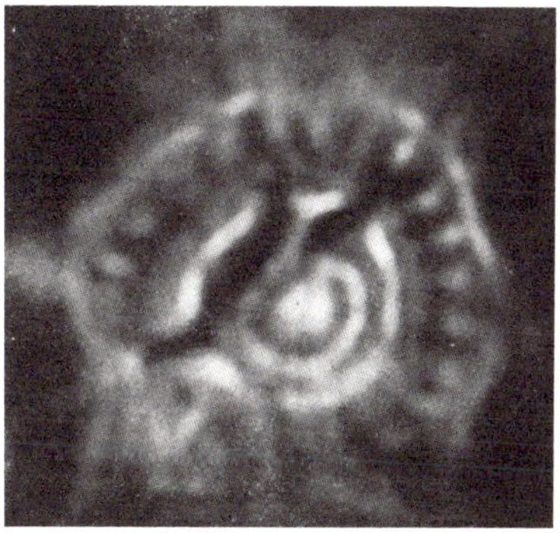

图11-10　昭明透光镜反射象之二（《文物》1976年2期）

上博除了昭明透光镜之外，已公布资料的还有一面日光透光镜。这面日光镜外表看起来平淡无奇，与一般的西汉日光镜形制、纹饰、铭文基本相同，直径7.4厘米。但是，如果有光照射在镜面上，也能将纹饰映照于墙上，或是由镜背打光，于镜面上反映出与镜背纹相对应的亮影图像（图11-11、图11-12、图11-13）。

图11-11　上博藏日光透光镜背面（《上海博物馆藏青铜镜》）

图11-12　日光透光镜拓本（《上海博物馆藏青铜镜》）

上博还流传着一个与透光镜有关的故事。据《青铜大家：马承源传》一书记载，

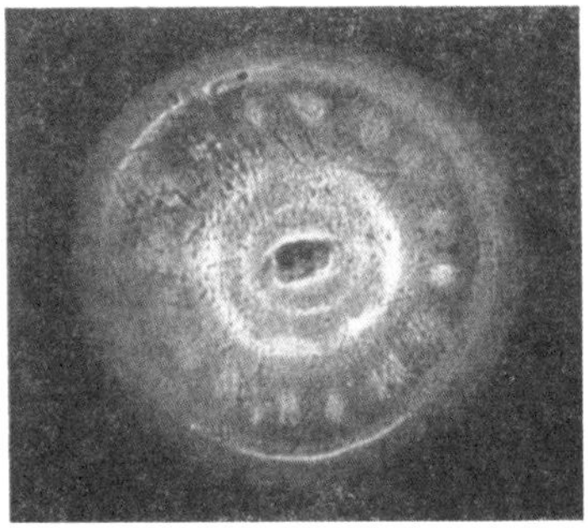

图11-13　日光透光镜反射象（《文物》1976年2期）

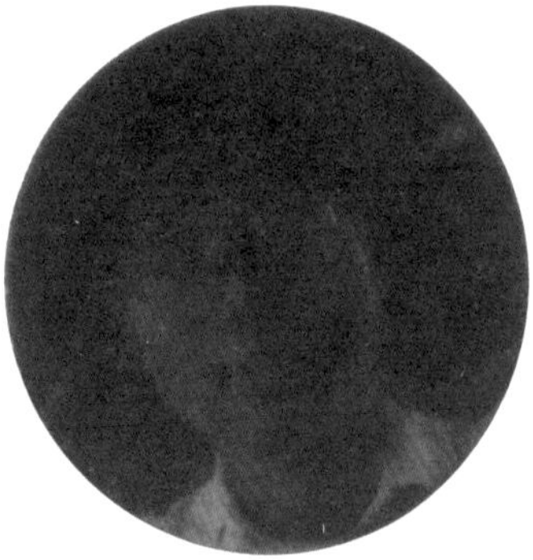

图11-14　西安灞桥区出土东汉尚方博局镜能照见人脸的正面（《西安文物精华·铜镜》，第42页）

图11-15　尚方博局镜背面（《西安文物精华·铜镜》，第42页，图36）

1961年夏天的一个下午，上博迎来了一位尊贵的客人。工作人员将库房中最好的文物取出来让客人欣赏，其中就有一面西汉透光镜。客人对此镜很感兴趣，特地把镜子拿到窗口上反复观看，感叹这种透光现象的神奇；还手捧着镜子翻来覆去看了很久，对透光镜的原理做了种种推测。临走之前，客人叮嘱上博专家要好好地做工作，把透光镜的原理搞清楚。

后来，上博组织上海交通大学等单位联合攻关，经过不断实验，终于弄清了汉镜透光的原理。在来上博参观、观赏透光镜的这位客人诞辰一百周年之际，上海交大制作了一面精致的镜子，反射在光影中的，是我们所熟悉的周恩来总理的形象。

上博神奇的透光镜让我们浮想联翩，能够见到这种镜子的机会实在太少了。当然，或许还有另外一种可能，那就是有那么一天，偶然的机会让你有幸用古代的镜子照一下自己的尊容，体验一下当古人的感觉。1977年，西安灞桥区出土一面东汉尚方博局镜，通体乌黑发亮，俗称“黑漆古”，品相上乘。曾有一位幸运者不仅用此镜照容理妆，而且还留下了难得一见的图像资料（图

11-14、图11-15、图11-16）。我也曾在洛阳有过类似的体验，镜中的我看起来朦朦胧胧的，恍然若梦。

图11-16　尚方博局镜拓本（《西安文物精华·铜镜》，第43页）

二、晋镜残月

由于西晋王朝存在的时间较短，仅有52年，留传至今的西晋铜镜可谓凤毛麟角。相对于其他地区而言，洛阳所见西晋铜镜数量较多，主要得益于洛阳是西晋的国都，发掘出来的西晋墓葬众多，有不少墓都随葬有铜镜，尤其以位至三公铭文镜最多，最具特色，推测这类镜子应是洛阳本地生产铸造的。

想要找到一面西晋时期位至三公夔凤镜的正面图片，还真不容易。这是2006年出土于洛阳吉利区2491号西晋墓的铜镜，是一面残镜，有一种充满历史沧桑感的残缺之美，正如当下许多年轻人放着完整的牛仔裤不买，非要穿两个腿上有若干个破洞的裤子，追求的似乎也是残缺美。若仔细观察镜面，会发现出土时镜子局部已破损，目前看到的图像是铜镜修复之后的面貌。镜面上覆盖着绿锈，上部的小洞昭示着它不太平凡的经历（图11-17）。

与这面镜子同出一墓的，还有四系罐、空柱盘、槅、耳杯、仓楼、灶、井等陶器，另有陶鸡、陶鸭等。更为离奇有趣的是，在距此墓不远的另外一座西晋墓内，还发现了一枚距今1700多年前的鸡蛋壳，且为名副其实的土鸡蛋壳（图11-18、图11-19、图11-20、图11-21、图11-22）。看来在考古发掘过程中，一切发现皆有可能。

图11-17　洛阳吉利区2491号西晋墓位至三公夔凤镜背面与正面（程召辉供图）

图11-18　2491号西晋墓出土陶仓楼（《文物》2010年8期，第39页，图二五）

图11-19　2491号西晋墓出土陶槅（《文物》2010年8期，第41页，图三二）

图11-20　2491号西晋墓出土陶鸡（《文物》2010年8期，第43页，图四二）

图11-21　2491号西晋墓出土陶鸭（《文物》2010年8期，第43页，图四三）

此外，洛阳市文物考古研究院曾经征集到一面西晋龙虎镜，龙虎隔钮对峙，均为侧面形象，龙角后伸，张牙舞爪，半个身躯如同被镜钮所压（图11-23）。其镜面局部光亮如新，历经一千余载，尚能保持如此状态，实属难得。

图11-22　2490号西晋墓出土鸡蛋壳（《文物》2010年8期，第44页，图四五）

图11-23　洛阳市文物考古研究院藏西晋龙虎镜

无论是洛阳烧沟汉墓出土的星云镜，还是上博馆藏的透光镜、西安所见尚方博局镜，骨子里透出的皆为汉家气魄与豪情。而西晋的“位至三公”夔凤镜则略显寂寥，单薄的镜体与无光的镜面，虽然映照不出那时的精致，浅浅的色调却散发着一种淡淡的优雅与古朴气息。

三、大唐恢弘

唐代是中国历史发展达到鼎盛的王朝，唐镜是中国铜镜史上的巅峰之作。近半个世纪以来，全国各地发现的唐镜数量众多，形制多样，但同时发表铜镜正背两面图像的资料却寥寥无几。

图11-24　洛阳吉利区坡底村2502号唐墓四瑞兽葡萄镜（程召辉供图）

图11-25　洛阳吉利区坡底村2502号唐墓四叶镜（程召辉供图）

2007年，在洛阳吉利区坡底村发掘2502号唐墓，于墓室东北隅、人骨架足端出土两面铜镜。一面是直径10.7厘米的四瑞兽葡萄镜（图11-24），另一面是最大径仅有3厘米的四叶镜（图11-25），同出有陶器、银钗及铜钱等。由于在地下埋藏了一千多年，两面镜子的正面均为锈迹斑斑，露出部分原有灰色镜面。让人略感欣慰的是，镜背纹饰上绿锈相对较少，无论是生机盎然的花叶、葡萄，还是攀爬于枝蔓间充满活力的瑞兽、禽鸟，都洋溢着盛世的气氛，扑面而来的是“花舞大唐春”的气息。

图11-26 绍兴坡塘出土唐代飞鹤飞仙镜
（《浙江出土铜镜》修订本，彩版69）

1980年，浙江绍兴县坡塘乡曙光大队出土一面唐代飞鹤飞仙镜。此镜的独特之处在于正背两面通体翠绿，绿得诱人，仿佛一池深潭，被称为“绿锈古”（图11-26）。

上述四瑞兽葡萄镜、四叶镜及飞鹤飞仙镜，皆属于一般工艺镜，镜面保存状况不甚理想，或为重锈覆盖，或昏暗无光，而收藏于国博的这面镶嵌螺钿高士宴乐镜则为特种工艺镜，特殊的制作工艺使之镜面大部分保存完好，光亮如初。1955年，此镜于洛阳涧西矿山机械厂唐代陈曦夫妇合葬墓出土，后在国博“古代中国”基本陈列、“镜里千秋：中国古代铜镜文化”展览展出（图11-27、图11-28）。

图11-27　国博“古代中国”基本陈列展出唐代螺钿高士宴乐镜

图11-28　唐代螺钿高士宴乐镜正面左侧与右侧

古人将明亮清晰的铜镜称为“明镜”，镜面模糊不清的称为“昏镜”，正如将破损模糊的纸钞称作“昏钞”一样。唐代刘禹锡有一首诗作《昏镜词》（《全唐诗》卷三五四）：

昏镜非美金，漠然丧其晶。

陋容多自欺，谓若他镜明。

瑕疵既不见，妍态随意生。

一日四五照，自言美倾城。

饰带以纹绣，装匣以琼瑛。

秦宫岂不重，非适乃为轻。

有人说这首诗的意思是，人们很少直面自己的缺点，不用真正的“明镜”，却将那些善于遮丑的“昏镜”视为宝贝。另有人结合唐朝的历史背景提出，此诗含义深远，以“明镜”喻贤良，指唐宪宗弃绝的革新派人士；以“昏镜”喻奸邪，指唐宪宗宠信的宦官佞臣；那个喜欢昏镜的陋容之人便是指唐宪宗。

除了中国境外内所见出土唐镜资料以外，在日本皇室的文物宝库正仓院，还收藏着一些珍贵的唐镜传世品。这些镜子从未埋葬于地下，一直被人视为珍宝，倍加珍惜，秘藏于宝库内。2004年，在日本奈良国立博物馆举办的第五十六回正仓院展览中，展出一面来自北仓直径达43.1厘米的大型双鸾瑞兽镜。镜背伫立的双鸾、奔跑的瑞兽、浮动的祥云，禽兽

图11-29　日本正仓院藏双鸾瑞兽镜（《第五十六回正仓院展目录》）

图11-30　双鸾瑞兽镜绯绫带及墨书题笺（《第五十六回正仓院展目录》）

图11-31　盛放双鸾瑞兽镜的木质镜盒（《第五十六回正仓院展目录》）

图11-32　镜盒盒盖与盒身（《第五十六回正仓院展目录》）

图11-33　镜盒盒身俯视（《第五十六回正仓院展目录》）

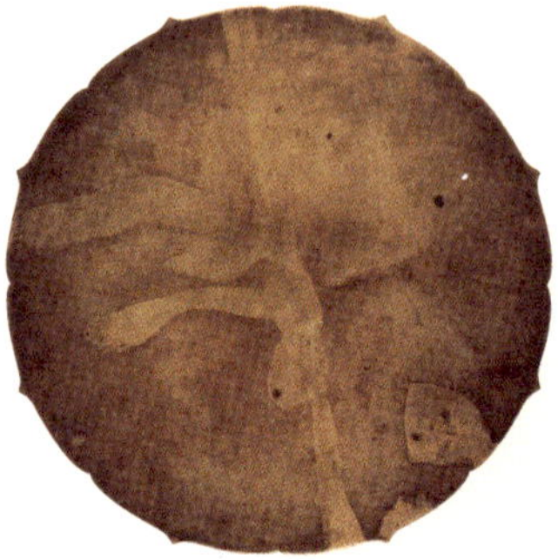

图11-34　正仓院藏鎏金银背山水八卦镜（《平成七年正仓院展目录》《第五十八回正仓院展目录》）

纹饰刻画得细致入微、栩栩如生。遗憾的是，镜面已失去了昔日的风采，虽无锈迹，却暗淡无光（图11-29），甚至可能是由于长期放置于朱色木质镜盒内，导致镜面局部还粘上了一些暗红颜色（图11-30、图11-31、图11-32、图11-33）。

正仓院南仓还珍藏有一面特种工艺镜，即鎏金银背山水八卦镜。镜背鎏金，錾刻山水、人物、动植物、八卦、铭文等各类纹饰，精美绝伦，令人惊奇，堪称一绝。与镜背纹饰形成鲜明对比的是，正面氧化较为严重，不仅毫无光泽，而且还有一些带子捆绑的痕迹印在了镜面之上（图11-34、图11-35），看来如何有效地长期妥善保存铜镜是一个较难解决的问题。

四、宋人刻画

不论是汉晋铜镜，还是唐代镜子，都是日常生活中照容理妆的实用器具。谁曾料到，到了五代、北宋时期，镜子已不再仅仅是世俗社会普通的家庭日用品，而是进入佛国净土，担当起一个重要角色，佛教信众在镜面上以细线錾刻佛教题材的图画。

许仙与白娘子的千古传奇，让杭州雷峰塔闻名于世（图11-36）、妇孺皆知。2000—2002年，对雷峰塔塔基遗址进行了科学的发掘清理，在地宫内出土大批文物。其中，有一面五代时期的瑞兽铭文镜，正面以阴线

图11-35　正仓院藏鎏金银背山水八卦镜局部（《平成七年正仓院展目录》）

图11-36　杭州雷峰塔倒塌之前的老照片（《雷峰塔遗址》）

刻有一幅画，画面构图完美，内容丰富（图11-37、图11-38、图11-39、图11-40），有学者认为这幅画所要表达的主题是佛教中的西方净土。

1987年，在对浙江黄岩灵石寺塔进行整修的过程中，于该塔第四、五层放置的铁函内，发现线刻铜镜六面，其中五面镜子正面分别线刻释迦牟尼及弟子像、四大天王像（图11-41至图11-51）。另有一镜面无画，线刻铭文“大宋咸丰元年十一月四日”等铭文。这些镜子保存良好，制作精整，应该是佛教信徒专为供奉此塔而特制的铜镜。

中国古人一直讲究阴阳平衡，凡事总有两面性，正如《易·系辞上传》所云“一阴一阳之谓道”。镜子是个“两面派”，照镜子能从中读出辩证法，那需要一定境界。镜面，存储着多少容颜的历史记忆，如今却只能是忘纷华而甘淡泊；镜背，则由古时的配角华丽转身，一跃成为主角。背面繁缛复杂、形式多样的各类纹饰成为今人驻足、凝视良久的视觉中心。

古人用镜，主要是看正面照容；今人赏古镜，更多的是玩味背面的纹饰及制作工艺。从实用到艺术，从欣赏自我的美到感受镜子的美，审美的主体在不知不觉中发生了位移。在欣赏了大量古代铜镜背面纹饰之后，越发激起广大读者对古镜正面的好奇心，这篇小文或许能基本满足大家对镜面模样的期待。

每当我看到铜镜正面的时候，就会情不自禁想起古镜原来的主人，想

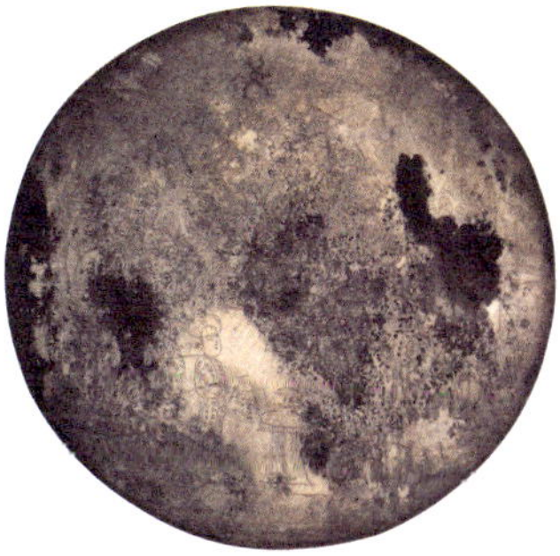

图11-37　雷峰塔地宫瑞兽铭文镜正面（《浙江出土铜镜》修订本，彩版75）

图11-38　瑞兽铭文镜正面局部（《浙江出土铜镜》修订本，彩版75）

图11-39 瑞兽铭文镜正面摹本（《雷峰塔遗址》，第159页，图261）

图11-40 瑞兽铭文镜背面（《雷峰塔遗址》，第158页，图257）

图11-41 黄岩灵石寺塔北宋线刻释迦牟尼镜正面（《浙江出土铜镜》修订本，彩版80）

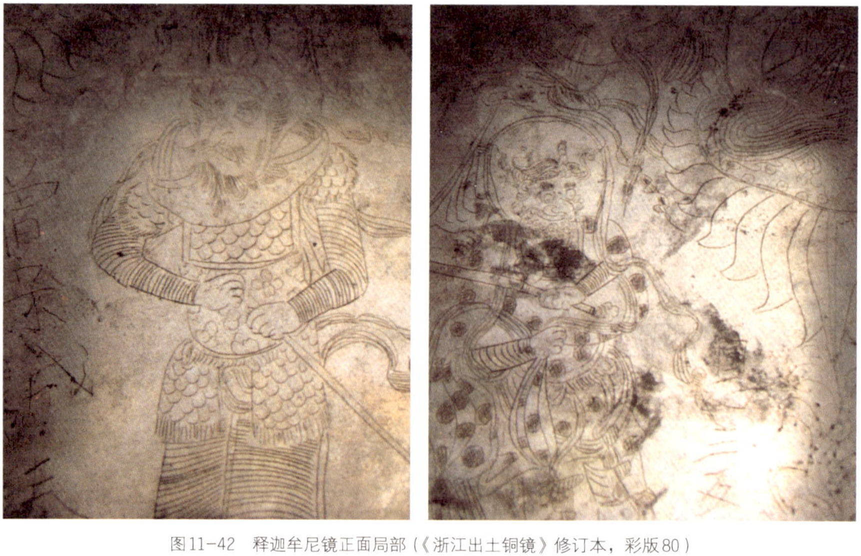

图11-42 释迦牟尼镜正面局部（《浙江出土铜镜》修订本，彩版80）

图11-43　东方提头赖吒天王镜正面（《浙江出土铜镜》修订本，彩版76）

图11-44　东方提头赖吒天王镜正面局部（《浙江出土铜镜》修订本，彩版76）

图11-45　南方毗楼勒叉天王镜正面（《浙江出土铜镜》修订本，彩版77）

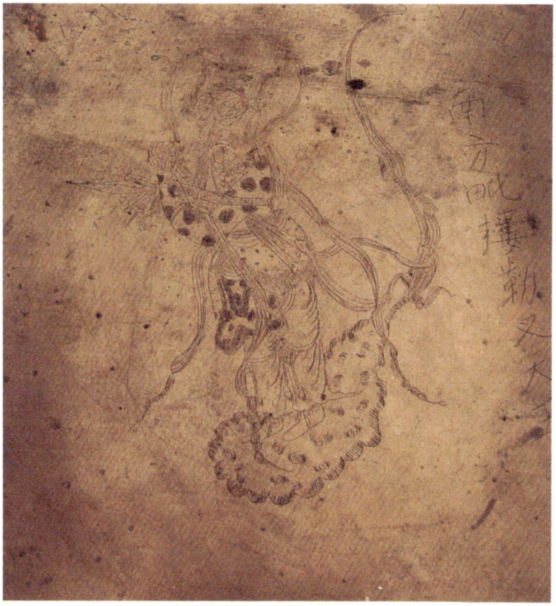

图11-46　南方毗楼勒叉天王镜正面局部（《浙江出土铜镜》修订本，彩版77）

图11-47 西方毗楼博叉天王镜正面（《浙江出土铜镜》修订本，彩版78）

图11-48 西方毗楼博叉天王镜正面局部（《浙江出土铜镜》修订本，彩版78）

图11-49 西方毗楼博叉天王镜背面（《浙江出土铜镜》修订本，彩版78）

图11-50 北方毗沙门天王镜正面（《浙江出土铜镜》修订本，彩版79）

图11-51 北方毗沙门天王镜正面局部（《浙江出土铜镜》修订本，彩版79）

象一下镜中古人的容颜（图11-52），这是怎样的一种情感，似乎只能用唐人诗句来表达我的思绪。

江天一色无纤尘，皎皎空中孤月轮。

江畔何人初见月，江月何年初照人。

图11-52　河南新密平陌村北宋壁画墓展开示意图（《文物》1998年12期，第28页，图四）

唐朝的月亮

“床前明月光，疑是地上霜。举头望明月，低头思故乡。”唐朝李白看到的月亮比现在的更圆吗？唐朝月光比现在的更亮吗？

虽然没有时光机，回不去唐朝，但是有铜镜带我们穿越。从望不见月亮形象的铜镜铭文，到真子飞霜镜背上方的半个月亮；从盘龙双鹊月宫镜上的一轮小圆月，再到画面充满整个镜背的月宫镜。唐朝的月亮，从抽象的铭文，到具体的形象，由远及近，从小到大，越来越清晰地呈现在我们的眼前。

一、字间隐见唐时月

在隋末唐初的一些铜镜铭文中，常将铜镜比喻为明月，从中可以想见那时月亮的影子。有一些铜镜可能是隋代铸造的，到了初唐，仍在使用。

铜镜纹饰布局仍沿袭汉镜以来的历史传统，镜背内区大多为动物或植物纹饰，外区一周为铭文带，阳文楷书。镜铭一般为四字或五字为一句，用词典雅，情真意切（图12-1、图12-2、图12-3）。虽然在这一类镜子的背面看不到月亮的形象，却能感受到明月在当时人们心中的崇高地位，所以才将日常所用的镜子比作圆月。

镜　铭

练形神冶，莹质良工。

如珠出匣，似月停空。

当眉写翠，对脸傅红。

绮窗绣幌，俱含影中。

镜　铭

灵山孕宝，神使观炉。

形圆晓月，光清夜珠。

玉台希世，红妆应图。

千娇集影，百福来扶。

镜　铭

仙山并照，智水齐名。

花朝艳采，月夜流明。

龙盘五岿，鸾舞双情。

传闻仁寿，始验销兵。

1966年陕西西安市动力厂出土一面光流素月瑞兽镜，镜铭为“光流素月，质禀玄精。澄空监水，照回凝清。终古永固，莹此心灵”（图12-4）。外围铭文带与内区瑞兽纹相映成趣，展示出独具特色的艺术美感。

二、半个月亮爬上来

说了好一阵唐朝的月亮，只见文字，还没看到月亮的影子，终于在真子飞霜镜上发现了半个月亮，真可谓“千呼万唤始出来，犹抱琵琶半遮面”。

唐代的真子飞霜镜，因镜上田字格中的四字铭文而得名。镜背上部中

图12-1 洛阳连霍高速公路玉冢段一号唐墓出土练形神冶团花镜（洛阳市文物考古研究院供图）

图12-2 西安韩森寨出土灵山孕宝团花镜（《西安文物精华·铜镜》，第80页，图68）

图12-3 故宫博物院藏仙山并照四神镜（何林主编：《故宫藏镜》，第80页，图31）

图12-4 西安市动力厂出土光流素月瑞兽镜（《西安文物精华·铜镜》，第78页，图66）

央为祥云托月，半个月亮若隐若现。也有人认为，镜子上方的半圆形纹饰不是月亮，而是太阳的形象。镜钮形制较为奇特，是一只乌龟伏于荷叶之上。镜钮一侧，一位隐士“独坐幽篁里，弹琴复长啸”。另一侧则是一只鸾鸟独立石上。

“真子飞霜”究竟何意？有的说，端坐竹林前抚琴高士名为“真子”，所弹琴曲为“飞霜”；有的说，整个画面反映的是古代孝子尹伯奇放逐于野的故事；有的说，这是有关伯牙弹琴的典故。甚至还有人将其与佛教、道教人物等联系在一起。众说纷纭，令人如坠雾中。

下面真子飞霜镜的来历较为独特，是1983年浙江宁海文物普查时征集到的。据说，此镜为当地村民在溪流中发现、捞出。镜缘上部略有磕碰的残损痕迹，其余部分保存完好（图12-5）。历经一千余年，仍然乌黑发亮，实属不易。上海博物馆收藏的一面真子飞霜镜品相较好，纹饰清晰，高士抚琴，鸾鸟起舞，一派祥和气氛（图12-6）。浙江金华镜子上的纹饰，半个月亮清晰可见，“真子飞霜”四字铭文的位置，却被一只展翅高飞的仙鹤代替（图12-7），富于想象力，画面动感极强。

上面看到的真子飞霜镜一般都是圆形、葵花形，西安出土的这面镜形罕见，为亚字形。镜背上方云海托月，半个月亮浮上来（图12-8）。

真子飞霜镜的形制，有的在细部上略有差异。除了镜钮上方有“真子飞霜”四字，或者有一只飞翔的仙鹤之外，还有一种在镜缘饰以一周篆书体铭文带的，镜铭为：“凤凰双镜南金装。阴阳各为配，日月恒相会。白玉芙蓉匣，翠羽琼瑶带。同心人心相亲，照心照胆保千春。”（图12-9、图12-10）无论怎样，本书所选择的铜镜标本，半个唐朝月亮的美好形象还是能够展现在今人面前，让人不由自主地想起那首脍炙人口的经典老歌《半个月亮爬上来》。

近年来，有学者根据故宫藏镜上的铭文“侯瑾之”三字，认为真子飞霜镜上高士形象的原型应是东汉末年敦煌地区的学者大儒侯瑾（图12-11）。

图12-5 浙江宁海出水真子飞霜镜（《浙江出土铜镜》修订本，彩版64）

图12-6 上海博物馆藏真子飞霜镜（《练形神冶 莹质良工：上海博物馆藏铜镜精品》，第261页，图92）

图12-7 浙江金华文管会藏真子飞霜镜（《浙江出土铜镜》，彩版16）

图12-8 西安市新城区东方机械厂出土亚字形真子飞霜镜（《西安文物精华·铜镜》，第125页，图112）

图12-9 洛阳孟津连霍高速服务区东工地18号唐墓出土真子飞霜镜（洛阳市文物考古研究院供图）

图12-10 故宫博物院藏真子飞霜镜（何林主编：《故宫藏镜》，第110页，图47）

三、盘龙双鹊眺月宫

1955年，在洛阳涧西矿山机械厂发掘唐代兴元元年（公元784年）下葬的陈曦夫妇合葬墓。考古队员惊喜地发现，墓中随葬了两面别具一格的铜镜。一面是盘龙双鹊月宫镜。钮下一条盘龙龙首高昂，鳞爪飞扬。镜钮两侧各饰一只长尾喜鹊，口衔绶带相对飞翔。最为奇特的是镜钮上方一轮圆月当空高挂，月中桂树枝繁叶茂，其两侧分别为月兔握杵捣臼、蟾蜍伸展四肢（图12-12）。另一面铜镜为螺钿镜，属于特种工艺镜。镜背上方，树影婆娑，明月高悬。镜钮两侧，两位高士席地而坐，一位举杯饮酒，另一位弹奏阮咸。清风明月，诗酒田园，构成了中国古代文人理想的生活内容。

唐代张汇《千秋镜赋》云：千秋镜背“或铸或鎔，是磨是削。刻以为龙，镂以成鹊”，“鹊飞如向月，龙盘以映池”（《文苑英华》卷一〇五），与盘龙双鹊月宫镜上的纹饰恰好相符。盘龙、双鹊、祥云，月宫中的玉兔、蟾蜍、桂树，成为此类铜镜的画面主体（图12-13、图12-14），引发人们对月宫的美好想象。

图12-11　故宫博物院藏侯瑾之铭方镜（何林主编：《故宫藏镜》，第112页，图48）

图12-12-1　洛阳涧西谷水唐陈曦墓出土盘龙双鹊月宫镜（洛阳博物馆供图）

图12-12-2　洛阳涧西谷水唐陈曦墓出土盘龙双鹊月宫镜拓本（《文物参考资料》1956年5期，第42页，图二）

图12-13　四川平武城隍庙出土盘龙双鹊月宫镜（《中国青铜器全集·铜镜》，第151页，图148）

图12-14　西安市文物保护考古研究院藏盘龙双鹊月宫镜（《西安文物精华·铜镜》，第112页，图99）

四、月兔捣药嫦娥舞

从半个月亮爬上来的真子飞霜镜，到一轮小圆月当空高挂的盘龙双鹊月宫镜，唐朝的月亮从远到近，渐渐清晰地映入我们的眼帘。最为细致入微地展示唐人心目中的月亮形象，莫过于马上出场的月宫镜了，可以说是“月兔捣药嫦娥舞，跳跃蟾蜍临桂树”。

先来欣赏圆形月宫镜。镜为圆形，象征着一轮圆月，画面中央是一棵枝叶繁茂的桂树，树的左侧玉兔双手握杵，平静捣药。树的右侧上方，嫦娥凌空飞起，轻盈舒展、衣带飘舞，有一种“吴带当风”的意境，树下有一只蟾蜍伸肢跳跃（图12-15、图12-16）。

赋凌云寺二首

（唐）薛涛

闻说凌云寺里苔，风高日近绝纤埃。

横云点染芙蓉壁，似待诗人宝月来。
闻说凌云寺里花，飞空绕磴逐江斜。
有时锁得嫦娥镜，镂出瑶台五色霞。
（《全唐诗》卷八〇三）

圆形月宫镜画面组合的另外一种形式为：左嫦娥，中桂树，右玉兔（蟾蜍），这种组合形式的月宫镜发现数量相对较少（图12-17）。

上面看到的月宫镜均为圆形，下面的两面月宫镜则为八出葵花形，画面内容、装饰手法较为独特。这面镜子为黑白图，看似不起眼，却很重要，它的画面与众不同。画面中央为两棵交缠在一起的桂树，两侧各有一位仙人跪坐于祥云之上。树的左侧应是吴刚，双手捧着放置有酒壶的盘子。树右为嫦娥，手捧盛有仙桃的盘子（图12-18）。

上海博物馆藏的这面月宫镜形制更加奇特。在围绕着三圈铭文的中心圆内，挺拔的桂树、直立握杵捣药的玉兔、张牙舞爪的蟾蜍，形态各异，栩栩如生。令人惊讶的是，镜钮为伏兽钮，长尾冲天，头朝下，嘴里噬咬着一匹奔马。

图12-15　西安莲湖区电容器厂出土月宫镜（《西安文物精华·铜镜》，第124页，图111）

图12-16-1　国博“镜里千秋”展览展出月宫镜

图12-16-2　中国国家博物馆藏月宫镜拓本（《中国历史博物馆馆刊》1994年1期，第125页，图95）

在这幅惊心动魄的月宫图之外，三圈铭文共计156个字，讲述了唐开元十年（公元722年）一位扬州吕氏铸造铜镜的故事（图12-19）。

月宫镜除了圆形、葵花形之外，还有一种八瓣菱花的镜形，外轮廓如鲜花绽放，花瓣外露（图12-20至图12-22）。其形制美轮美奂，装饰意味浓厚，仿佛现代制作月宫题材的墙上挂盘。

把酒问月

（唐）李白

青天有月来几时，我今停杯一问之。
人攀明月不可得，月行却与人相随。
皎如飞镜临丹阙，绿烟灭尽清辉发。
但见宵从海上来，宁知晓向云间没。
白兔捣药秋复春，嫦娥孤栖与谁邻。
今人不见古时月，今月曾经照古人。
古人今人若流水，共看明月皆如此。
唯愿当歌对酒时，月光长照金樽里。

（《全唐诗》卷一七九）

值得一提的是，在八瓣菱花形月宫镜中，还有一类带“大吉”铭文的月宫镜，画面中的嫦娥飞升于空，手托“大吉”铭牌，玉兔忘记了捣药，蟾蜍起舞（图12-23、图12-24）。“大吉”，意思就是大吉大利。

1966年，在隋唐洛阳宫城内发掘七座烧瓦窑，其中，4号窑后壁上阴刻“大吉”两字。洛阳宫城遗址内还出土吉字凤鸟纹方砖（图12-25）。这些文字与月宫镜上的铭文一样，均寄托了唐人对未来生活的美好祝愿。

图12-17 浙江出土月宫镜（《浙江出土铜镜选集》，图45）

图12-18 西安西郊小土门出土月宫镜（《陕西省出土铜镜》，第131页，图121）

图12-19-1 上海博物馆藏开元十年月宫镜（《练形神冶 莹质良工》），第263页，图93）

图12-19-2 上海博物馆藏开元十年月宫镜拓本（《练形神冶 莹质良工》），第262页，图93）

图12-20 上海博物馆藏月宫镜（《练形神冶 莹质良工》，第265页，图94）

图12-21 衢州博物镜藏月宫镜（《浙江出土铜镜》修订本，彩版66）

图12-22　西安出土月宫镜（《陕西省出土铜镜》，第130页，图120）

图12-23　上海博物馆藏大吉月宫镜（上海博物馆编：《练形神冶　莹质良工》，第267页，图95）

图12-24-1　国博“镜里千秋”展览展出大吉月宫镜

图12-24-2　国博藏大吉月宫镜拓本（《中国历史博物馆馆刊》1994年1期，第125页，图96）

图12-25　隋唐洛阳宫城遗址出土吉字凤鸟纹方砖（《中国社会科学院考古研究所考古博物馆洛阳分馆》，第84页）

图12-26　湖南博物院“湖南人”展览展出长沙唐末五代墓出土方形月宫镜

将要看到的最后一面月宫镜，方形，画面不甚清晰，为什么要选择这幅图呢？因为它是一位终结者，宣告了大唐月宫镜题材的结束。1955年，这面方镜出土于湖南长沙丝茅冲8区29号唐末五代土坑墓中，这是我见到年代最晚的月宫镜。形制也很特殊，方形中套一圆形，嫦娥、玉兔、蟾蜍、桂树（图12-26），月宫镜上的各种元素均有。

图12-27 陕西长安县嘉里村唐裴氏墓出土彩绘执镜女俑

五、唐朝月亮比现在的更圆吗

亘古不变的月亮，无论是唐朝还是现在，都是一样圆，只不过唐时的明月更加古朴，更有诗意，寄托着诸多诗人的浪漫情怀与美好遐想。唐时月光比现在的更亮，因为当时无电，没有那么多的光污染源与工业污染。

唐代的月光，凝聚在唐时的镜上（图12-27），映照着今人忙碌的身影。有人说：江湖上飘着两条船，一条叫“名”，另一条叫“利”。太史公亦云：“天下熙熙，皆为利来；天下壤壤，皆为利往。”

中秋时节，从名利的桎梏中暂时解脱出来，跨越时空，感受一下唐时的月光。一边吃着现代甜腻腻的月饼，一边漫不经心地不断刷屏，品味着月宫镜上积聚千载的唐朝月光，咀嚼着流传至今的唐诗名篇，你是否体会到了那份穿越带来的闲适与惬意呢？

春江花月夜（节选）

（唐）张若虚

春江潮水连海平，海上明月共潮生。
滟滟随波千万里，何处春江无月明。
江流宛转绕芳甸，月照花林皆似霰。
空里流霜不觉飞，汀上白沙看不见。
江天一色无纤尘，皎皎空中孤月轮。
江畔何人初见月，江月何年初照人。
人生代代无穷已，江月年年只相似。
不知江月待何人，但见长江送流水。

（《全唐诗》卷一一七）

镜铭华章

中国美术学院副教授鹏宇博士要出版一部有关汉镜铭文的书，早有耳闻，期待已久。当我终于收到鹏宇寄赠的大作时，厚墩墩、沉甸甸的一部书拿在手里，让人感到震撼。《汉镜铭文汇释》包括代序、凡例、正文、简称表、参考文献、后记、汉镜图等七个部分，共计70万字，610页，其中最后60页为铜镜图版，单色印刷，16开本。

中国国家博物馆终身研究馆员、知名铜镜专家孔祥星先生亲撰一文代序，题目为《守正拓新，推进汉镜铭文研究》。文中不仅回顾了汉镜铭文的研究历程，而且从学术、应用、社会价值三个方面对《汉镜铭文汇释》给予高度评价，认为此书收集资料目前是最多最全，充分吸收了已有的研究成果，其出版有利于填补学术界的研究空白。通览全书之后，可以感觉到孔先生的评价十分中肯，并非溢美之词。此书作者用力甚勤，对汉代铭文铜镜资料做了全面、系统的收集、整理与研究。其中，让我印象深刻的内容主要有以下四个方面。

首先，从学术史的角度来看本书选题，无疑是个老题目，前人已有一些研究成果。本书作者以其超人的胆识与气魄，敢于选择汉代镜铭这样一个传统题目，甘于寂寞，广泛收集资料，做了大量细致人微的工作，并屡有创见，达到了超越前人的高度，令人敬佩。

其次，《汉镜铭文汇释》一书收录的汉代铭文镜资料，的确是目前所见同类论著中数量最多的。全书共计著录了多少种镜铭呢？书末最后一个镜铭编号为4177，除去前后重出资料，著录镜铭大约在4000种以上，蔚为大观。实际上，作者收集的资料远远超过4000面铜镜，因为同一种铭文下可能有许多面铜镜。例如“长宜子孙”铭，仅一条铭文涉及的镜子可能就超过上千面。若遇到此类情况，此书只在出处摘录了数十面。值得一提的是，在前期资料收集阶段，作者检索的汉代铭文镜资料达到一万面以上，其工作量之大，超出了常人的想象。

再次，此书充分凸显纪年镜的学术价值。全书分为纪年镜、非纪年镜两大部分。纪年镜部分收录117种，其余为非纪年镜。纪年镜具有分期断代的独特价值，一向为学术界所珍视。此书作者特意将纪年镜资料集中起来，置于书前，足见其重视程度。对于非纪年镜的著录，则根据每种镜铭的具体情况，先简述其基本信息，再列出词条，反映作者具备严谨缜密、有条不紊的专业素养。将两类镜铭资料分别记述，突出纪年镜的重要性，并构筑起一个具有开创性的汉镜铭文著录体系框架，可以说是此书的一大创新点。

最后，在著录部分条目的过程中，作者注意总结一些规律性的认识，对于某些镜铭给予新的解释。如第18页，在100号镜的简注中，作者指出：“至迟到建安二十年，此类神兽镜的铭辞中不再像过去仅记年月日而开始附加干支，在叙述内容时从以描述纹饰中神像、神兽为主，转向以与纹饰毫不相干的祝福吉语为主。”在102号镜的简注中，对于镜铭中的“五马”一词，作者认为：“五马，一语双关，五马既是财富的象征，又代指二千石的高官……汉代因太守所乘之车用五匹马驾辕，故五马可代指太守的车驾。”由以上两例可以看出，作者不仅下大功夫整理数量庞大的镜铭基础材料，条分缕析，而且在梳理资料的过程中，善于思考，发现问题并及时对其进行初步探讨，反映出作者具有强烈的问题意识。

近十年来，本人对汉镜铭文研究有所涉及，略谈三点，作为补正。一是《汉镜铭文汇释》第1页左栏著录1号西汉永始二年镜，为1996年1月洛阳市第二文物工作队在配合洛阳市车站公安分局宿舍楼基建发掘新莽墓96HM267时出土的（图13-1），同年《文物》第7期刊发了该墓的考古简报《洛阳五女冢267号新莽墓发掘简报》。除了公布西汉永始二年镜拓本之外，在这一期《文物》封二上还发表了此镜的彩色图版。简报结语未对此纪年镜作出评价。2013年，在编撰《洛镜铜华：洛阳铜镜发现与研究》的过程中，通过与其他西汉纪年铭文镜的比较，笔者在收录于《洛镜铜华：洛阳铜镜发现与研究》中的《洛阳铜镜发现与研究述论》一文首次提出：洛阳五女冢新莽墓出土西汉永始二年四神博局镜“是我国目前考古发掘有明确出土时间、地点的最早纪年铜镜”，从而将中国最早的纪年镜出现时间由西汉居摄元年（公元6年）提前到永始二年（公元前15年）。

二是《汉镜铭文汇释》第2页左栏谈到的4号镜，为国博藏新莽始建国二年镜，据此书记述：“‘葆子孙’之‘子’字右下角似有重文符号，又似锈痕，仅据拓本不可定，故暂依沈令昕先生释文。”根据笔者在国博“镜里千秋：中国古代铜镜文化”展览现场实地观察，并结合高清晰图片分析，证实确为重文符号，不是锈痕（图13-2）。

三是此书第4页左栏收录的17号东汉永元五年镜（图13-3），孙机先生早已指出为后世仿品，笔者亦曾于2014年在洛阳市文物考古研究院见到实物，确为仿品（图13-4、图13-5）。

以上是笔者对《汉镜铭文汇释》总结出的四个方面特点，并做了三点补正。需要指出的是，这样一部长达70万字的巨著绝非完美之作，也有瑕疵，不一而论，仅略举数例“硬伤”。如凡例第2页第5点，“主要内容”误写为“主要内外”；参考文献，只有四个部分，最后一部分本该是“Ⅳ”却写作“Ⅴ”；正文第2页脚注，《文物参考资料》误写为《文物参考数据》；第5页右栏，24号镜简注第二行，“民国所出之镜”后面多出“与”。上述错误期待在未来的修订本中得到修改。

综上所述，《汉镜铭文汇释》是一部关于两汉铜镜铭文整理与研究的佳作，代表了目前中国学术界对于汉镜铭文释读与研究的最高水平，期待学术界同仁予以充分关注。

图13-1 洛阳市车站公安分局宿舍楼新莽墓96HM267出土永始二年四神博局镜（程永建供图）

图13-2-1 国博藏新莽始建国二年瑞兽博局镜（范立摄影）

图13-2-2 国博藏新莽始建国二年瑞兽博局镜拓本（《三国六朝纪年镜图说》）

图13-3 《洛阳出土铜镜》收录东汉永元五年画像镜仿制品（《洛阳出土铜镜》，彩版4）

图13-4 洛阳市文物考古研究院藏东汉永元五年画像镜仿制品（侧视之一）

图13-5 洛阳市文物考古研究院藏东汉永元五年画像镜仿制品（侧视之二）

镜子是凝固的历史

图14-1 《鉴若长河》书影（康健设计）

2017年11月，拙作《鉴若长河：中国古代铜镜的微观世界》（以下简称《鉴若长河》）由三联书店出版（图14-1）。几个月来，得到社会各界的肯定。回首写书历程，虽然充满艰辛，却也不乏苦中作乐，其乐融融。

我一直将《鉴若长河》与《洛镜铜华：洛阳铜镜发现与研究》视为姊妹篇。记得四年前，由我和洛阳市文物考古研究院史家珍院长主编的《洛镜铜华：洛阳铜镜发现与研究》（上下册）历经三年写作，终于出版了（图14-2、图14-3）。在完成这部铜镜著作的编撰之后，我时常有意犹未尽之感。因为在编书过程中，总会遇到一些问题，并试图去解决。于是，利用《鉴若长河》一书较为灵活、自由的叙述模式，我那些依旧活跃的铜镜研究思维有了任意驰骋的广袤空间。

在以往研究中，关于洛阳偃师二里头遗址出土的铜圆盘，有学者说是铜镜，有人说不是。笔者在编撰《洛镜铜华：洛阳铜镜发现与研究》时，

图14-2-1 《洛镜铜华》上册书影
（张亚娜供图）

图14-2-2 《洛镜铜华》下册书影
（张亚娜供图）

图14-3 《洛阳铜镜》日文版书影

也遇到同样问题。在经过详细论证之后，决定不收录这面铜圆盘。这些考证文字当时无法写入《洛镜铜华：洛阳铜镜发现与研究》，最终在《鉴若长河》之《金村王鉴》中有所体现。

西汉长安城遗址是否出土了铜镜？有学者认为城址内未见到铜镜。我通过大量的资料检索，发现该城址内外曾出土了一些铜镜残片，由此引发了我较为深入的思考，即铜镜与古代都城之间有着怎样的关系？这个问题很少有人考虑，因为大家关注的都是形制完整、纹饰精美的铜镜，对于铜镜残片一般不屑一顾。我以为，作为考古学者，我们不仅应该重视铜镜纹饰的内容题材与精细程度，更应关注镜子的出土信息及其学术价值。这就是《鉴若长河》一书中《耕人犁破宫人镜》专题的由来。

如何通过铜镜来研究大历史？我的研究思路分为两方面。一方面是小专题、长时段，将铜镜作为切入点，将中国历史设定为落脚点。把铜镜这样一种古人日常使用的“蕞尔小物”，放在一个宏观的历史背景之下来考察。如通过对洛阳汉河南县城遗址内外两座汉墓出土铜镜的分析，揭示出东汉末年“董卓之乱”影响中国历史进程的大事件。这种研究思路仿佛徜徉于陶渊明笔下的桃花源，入口处极小，进去之后感觉境界很大，出来后回味无穷。另一方面，本书并非按传统金石学的探讨路数，而是在考古学视野下进行镜鉴学研究，将“以物论史，透物见人”作为目标，把铜镜与古人的社会生活紧密联系在一起，尽可能复原镜鉴在古人生活场景中的位置。正所谓，从单纯的器物把玩鉴赏上升到物质文化史的高度来探究。

所以，在上述研究方法论的指导下，《鉴若长河》一书的篇目设计有别于以往诸多铜镜著作。

通过写作，我发现这本书的最大特点在于跨界杂糅、整合引领。它以考古学为根基，试图熔文物、历史、文学、艺术于一炉，整合与铜镜相关

图14-4　2014年出席洛阳“《洛镜铜华》出版座谈会”嘉宾合影（洛阳市文物考古研究院供图）

的各类资料，有点像我小时候在家乡洛阳吃的烩菜。这种文体看似信手拈来，实为捉襟见肘，须反复锤炼才行。

有人问我是如何走上铜镜研究之路的？其实，这完全是一种从自发到自觉的过程，由天时、地利、人和三种因素促成。具体而言，一是天时。我最早接触铜镜实物是在1986年暑假，当时我在河南省洛阳市涧西区158厂考古工地实习，参加了汉墓的发掘工作。在一些汉墓中，清理出铸造精美的铜镜，大多是日光镜、昭明镜。1996年，我跟随蔡运章先生编撰《洛阳铜镜研究》。由于种种原因，当时书没能出版，但我发表了一篇关于洛阳金村东周墓出土铜镜的论文。2010年，我将未能出版的铜镜书稿、资料从洛阳全部运回北京。2013年，与同道历经三年辛勤耕耘，《洛镜铜华：洛阳铜镜发现与研究》出版（图14-4）。2017年，《鉴若长河》问世。回首30多年来，在有意无意之间，我能多次与铜镜结缘，并陆续有学术成果呈现，感到很幸运，也非常珍惜这些难得的机会。

二是地利。我出生、成长皆在古都洛阳，工作之后经常会遇到铜镜资料。特别是2012年年底，当我从北京回到洛阳市文物考古研究院时，在文物库房内细致观摩并拍摄了一百多面战国至宋元时期的铜镜标本，真是大饱眼福。十三朝古都深厚的历史文化积淀，中国国家博物馆丰富的馆藏资源与宽广的学术平台，为我探究铜镜提供了无与伦比的地利之便。

三是人和。在铜镜研究过程中，四川大学霍巍与黄伟两位导师，中国国家博物馆铜镜专家孔祥星先生，洛阳市文物考古研究院蔡运章、史家珍、程永建等先生的大力支持与热心帮助，成为我在铜镜探索征程中强有力的学术后盾。

对古人而言，铜镜具有物质与精神两个层面的含义，不仅能够映照容貌，而且能趋吉辟邪、譬喻德行。后人耳熟能详的是唐太宗李世民那段富有哲理的话："夫以铜为镜，可以正衣冠；以古为镜，可以知兴替；以人为镜，可以明得失。"这段话还被唐朝诗人白居易引入诗作《百炼镜》："太宗常以人为镜，鉴古鉴今不鉴容。"总之，历史是一面镜子，镜子是一段凝固的历史，可照容颜变化，可鉴国家盛衰。

龙腾河洛

相传8000年前，一匹龙马背负河图，伏羲由此演绎八卦。从此，确立了“龙”在河洛子孙心中不可替代的神圣地位。

千百年来，人们画龙、雕龙、写龙、塑龙、绣龙、敬龙，龙的形象深入人心，龙的地位神圣无比，龙就是中华民族的象征。龙带给人们安慰和寄托，带给人们希望和力量，人们借助想像中龙的神威，鼓舞斗志，战胜自然。

历史的足迹匆匆走过，人们在企盼中迎来了公元2000年。新千年第一个龙年的钟声回荡在地球上所有华夏儿女的心中，在这个特殊时刻，华夏儿女们一起溯源而上，倾听“龙”的足音，追寻“龙”在河洛大地“走”过的足迹。

一、史前龙迹

在洛阳市王城公园内矗立着一座圆形的“河图洛书”石碑，记述了一个古老的传说。《尚书·顾命》孔传云：“伏羲王天下，龙马出河，遂则其文，画八卦，谓之河图。”相传距今8000年的伏羲氏，在今孟津黄河一带巡视，忽然从河中浮出一匹龙马，背负河图，伏羲由此始创八卦，为《周

图15-1　洛阳孟津雷河村明代龙马负图寺屋檐上的飞龙木雕（《古都洛阳》，第11页）

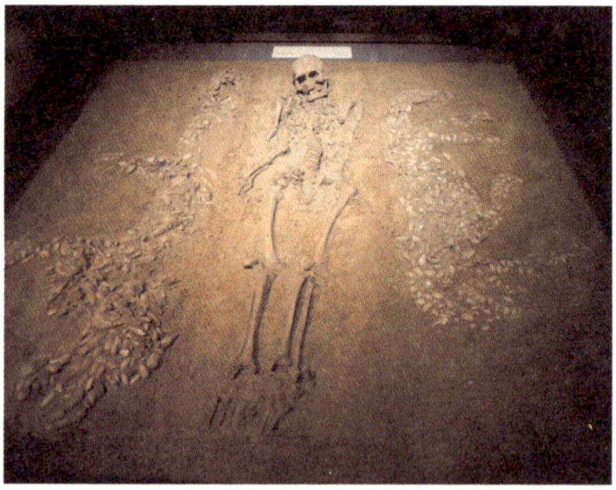
图15-2　河南濮阳西水坡出土仰韶文化时期蚌塑龙虎

易》之源。“河图洛书”是中华民族原始文化的象征，被誉为“中国先民心灵思维的最高成就”。而河图显现的载体，正是一匹富有神奇色彩的龙马，这是传说中龙首马身的神兽。难怪在《周易》六十四卦中，开篇第一即为乾卦，其卦辞中多次谈到龙，如潜龙勿用、见龙在田、飞龙在天、亢龙有悔、见群龙无首等。在今洛阳孟津龙马负图寺大殿的檐角，仍可见到木雕飞龙于天（图15-1）。

1987年，河南濮阳西水坡发现了距今约6000年前仰韶文化时期的蚌塑龙，长达1.78米（图15-2），是目前考古发现时代较早、形体较大的龙，为我们想象河洛神龙的龙颜提供了珍贵的实物资料。

大禹治水的故事早已是家喻户晓，但禹父鲧化龙的传说恐怕知者甚少。据《山海经》载，鲧治水失败，天帝派人斩鲧于今新安县青要山附近的羽山，鲧化为黄龙，人于羽渊。这从一个侧面反映出夏部族崇龙的习俗。

二、先秦龙吟

公元前21世纪，我国历史上第一个王朝夏朝在河洛地区建立，夏人尚龙之风盛行。《山海经 · 海外西经》描述夏王启“乘两龙，云盖三层”；《大荒西经》云：启“珥两青蛇，乘两龙”上天。神奇的龙扮演着通神使者的角色，它是达成某种宗教目的、政治目的的工具，发挥着沟通“人的世界与祖先及神的世界”的重要作用。

在河洛地区，还流传着一个“刘累御龙”的动人故事。《史记 · 夏本纪》载：夏王孔甲之时，上天赐给他两龙，一雌一雄，孔甲不知如何喂养。一个名叫刘累的人，曾跟豢龙氏学习过驯龙之法，就来为孔甲饲养两龙，孔甲赐其姓“御龙氏”。后来，一条雌龙死了，刘累将龙做成肉酱，送给孔甲食用。因雌龙肉酱味道鲜美，夏王吃了以后，还想再吃，便派人向刘累索取，刘累无法供应，又怕孔甲处罚，就逃走了。据今偃师百姓传，在偃师缑氏镇郑窑村西浏河东岸有个土坡，名为“老龙坡”，传孔甲豢养的那条雌龙就死在这里。

在偃师二里头都城遗址中，出土一件陶质龙纹透底器。器表下部阴线雕刻龙纹，构思奇特，富于神秘意味（图15-3）。

20世纪60年代，洛阳北窑西周贵族墓地出土大批青铜器。其上铸造的龙纹，形态各异。

1927—1931年，传洛阳金村东周大墓出土的金银错六龙镜，镜背上装饰有三条金龙、三条银龙，回转交错，相得益彰。还有一面现藏美国堪萨斯城纳尔逊-阿金斯艺术博物馆的透雕四龙镜，四条龙各守一隅，龙首为正面形象，头生双角，瞋目吐舌，蛇形身躯屈曲宛转（图15-4）。

在洛阳老城东关保存有一座清代“孔子入周问礼碑”（图15-5），讲述着孔子来到洛阳拜访老子、请教礼乐的故事（图15-6）。据《庄子 · 天运》载：孔子入周问礼之后，三日不言。弟子问其缘故，孔子说：“吾乃今于是乎见龙。龙，合而成体，散而成章，乘云气而养乎阴阳。”孔子将老子比喻为龙，

图15-3　洛阳偃师二里头遗址出土一件陶质龙纹透底器

图15-4　传洛阳金村战国墓出土透雕四龙镜（马麟供图）

表达出他对老子学识的敬佩之意。

新中国成立以来，在洛阳东周王城遗址区发掘了数以千计的东周墓，出土许多文物。其中，有龙形玉佩、彩绘龙纹盘等，而邙山出土的齐侯铜鉴，耳为龙形，神采飞扬（图15-7）。

三、汉魏龙颜

公元前202年正月至五月，汉高祖刘邦都洛四个月，后听从娄敬之言，未将龙庭定于河洛，而西迁长安。刘邦出身卑贱，便借助龙的神威来抬高自己，将龙说成是其生身父亲，刘邦长得“隆准而龙颜”，从此才有了皇帝龙生之说。洛阳留存至今有大量两汉时期的神龙形象资料，形态各异，造型生动，充分反映出汉代人超乎寻常的想像力与艺术表现力，谨列举部分文物上的飞龙图像如下。

汉墓壁画：洛阳西汉卜千秋壁画墓《升仙图》中的青龙（图15-8）、《方相氏与龙虎图》（图15-9），洛阳烧沟61号西汉墓《天门御龙图》（图15-10），传洛阳出土西汉彩绘画像空心砖上的《双龙穿璧图》（图15-11），金谷园新莽墓一组神龙壁画（图15-12）。

图15-5 洛阳老城东关清代“孔子入周问礼碑”碑楼

图15-6 洛阳老城61号西汉墓《孔子入周问礼图》壁画摹本（王绣摹绘）

图15-7 1957年洛阳中州大渠春秋墓出土齐侯铜鉴（《河洛文明展》，第130页）

汉画像石与画像砖：洛阳偃师出土西汉石椁上的《羽人御龙图》（图15-13）、洛阳博物馆（图15-14）、洛阳古墓博物馆藏西汉画像空心砖上的龙纹（图15-15），偃师辛村新莽墓龙纹画像砖（图15-16）。

西汉彩绘陶壶：陶壶腹部以笔墨、彩绘画出飞龙形象，寥寥数笔，跃然壶壁之上（图15-17至图15-19）。

铜镜：如洛阳宜阳县出土西汉四龙博局镜（图15-20）；洛阳地区汉墓出土数量较多的四神博局镜，镜背上青龙形象虽小，铸造得却极为传神

图15-8　洛阳西汉卜千秋壁画墓《升仙图》摹本（王绣摹绘）

图15-9　洛阳西汉卜千秋墓《方相氏与龙虎图》摹本（王绣摹绘）

图15-10　洛阳烧沟61号西汉墓《天门御龙图》摹本（王绣摹绘）

图15-11 传洛阳出土西汉彩绘画像空心砖（《中国文物展览》，第32页）

1.《双龙穿璧图》

2.《羽人御青龙图》

3.《神龙图》

4.《羽人戏龙图》

图15-12 洛阳金谷园新莽墓一组神龙壁画摹本（王绣摹绘）

图15-13　洛阳偃师出土西汉石椁上的《羽人御龙图》局部

图15-14　洛阳博物馆藏西汉画像空心砖上的龙纹

图15-15　洛阳古墓博物馆藏西汉画像空心砖上的龙纹

图15-16　洛阳偃师辛村新莽壁画墓龙纹画像空心砖（《洛阳汉墓壁画》，第140页）

（图15-21）；另有洛阳博物馆藏东汉青羊作龙虎钱纹镜，与四神博局镜上的龙纹风格完全不同（图15-22）。

魏晋之际，龙仍未变成皇家专利，如《世说新语》记载洛阳“竹林七贤”之一的嵇康是“龙章凤姿，天质自然”。西晋辟雍碑首有高浮雕龙纹装饰。

洛阳龙门石窟北魏时期开凿的古阳洞，在造像碑侧饰以龙纹，造型生动。魏碑体“龙”的繁体字见于魏灵藏造像碑、汝南王修治古塔铭、元怿

图15-17　洛阳博物馆藏西汉彩绘陶壶上的龙纹之一

图15-18　洛阳博物馆藏西汉彩绘陶壶上的龙纹之二

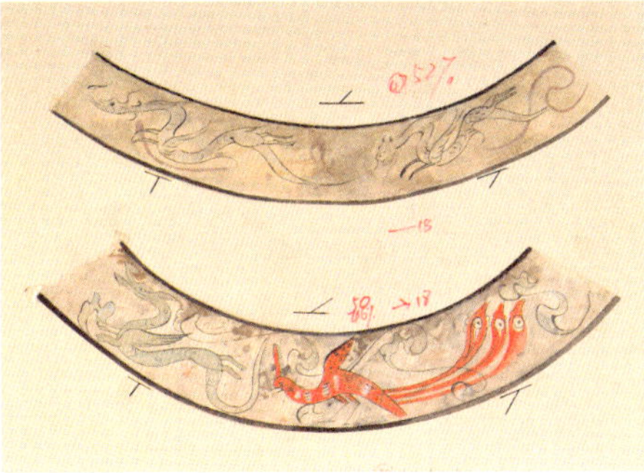

图15-19　洛阳博物馆藏西汉彩绘陶壶上的龙纹摹本（王绣摹绘）

图15-20　洛阳宜阳县出土西汉四龙博局镜

墓志等。位于宾阳南洞与宾阳中洞之间的伊阙佛龛之碑为唐代书法家褚遂良书丹，学界普遍认为是初唐时磨平了北魏开凿宾阳三洞时所留碑刻后重新镌刻的。其碑体量巨大，碑首应该是属于北魏时期的交龙纹高浮雕（图15-23），雕刻技艺精湛。

汉魏洛阳故城中的北魏永宁寺遗址，出土有陶塑龙首残块。北魏画像石棺上有青龙护送墓主人升天场面。汉魏时期艺术中的龙有着较为浓厚的神话色彩，如汉画中的双龙穿璧、汉镜中四神之一的东方苍龙等。

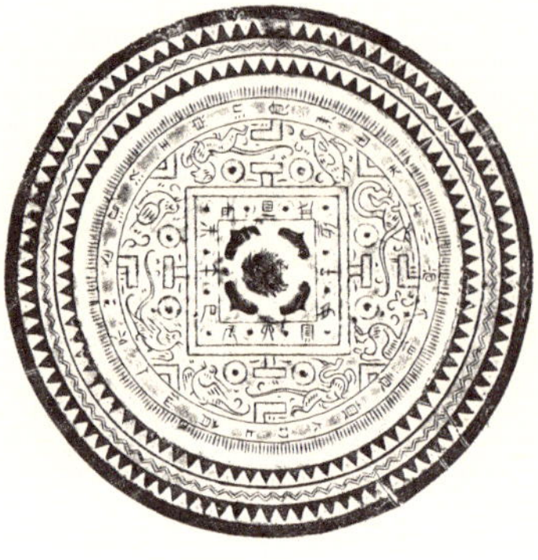

1.洛阳巩县石家庄复线12号东汉墓出土

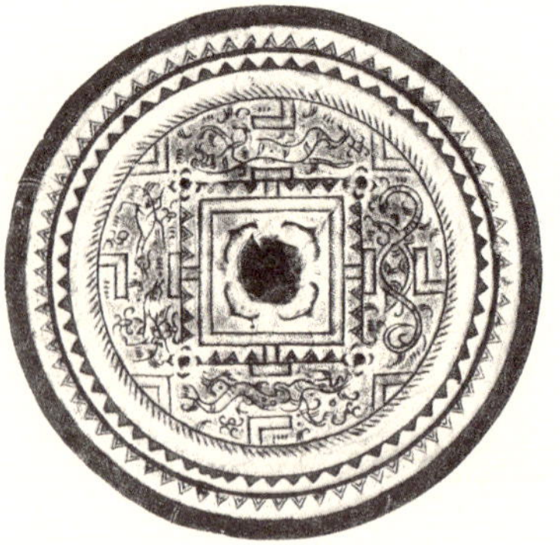

2.洛阳铁站线51号西汉墓出土

3.洛阳烧沟104号东汉早期墓出土

4.洛阳劳改砖瓦厂8号东汉墓出土

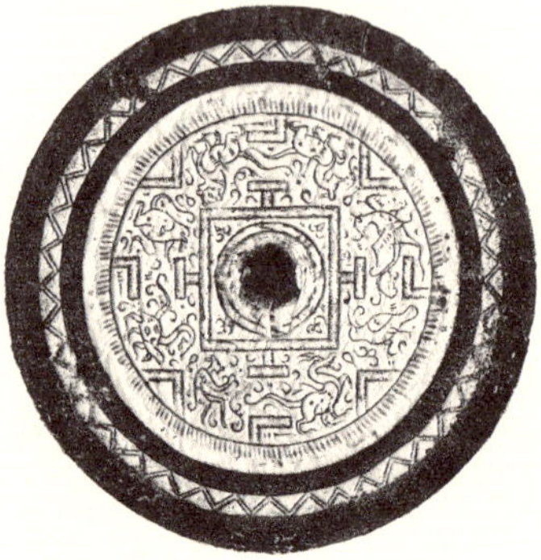

5.洛阳劳改砖瓦厂330号东汉墓出土

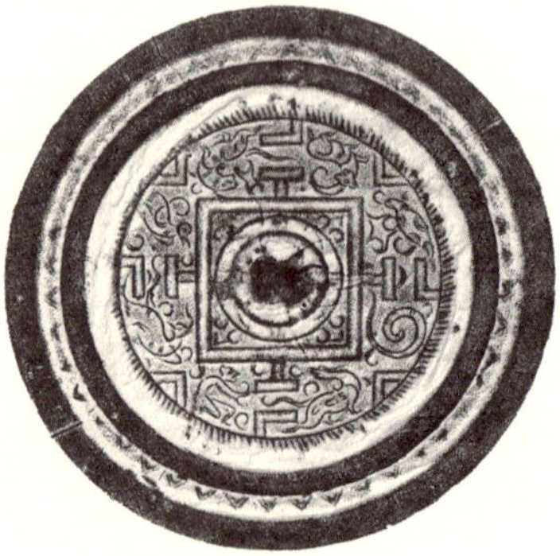

6.洛阳铁站线42号东汉墓出土

图15-21　洛阳汉墓出土四神博局镜拓本上的龙纹（洛阳市文物考古研究院供图）

图15-22 洛阳博物馆藏东汉龙虎钱纹镜

图15-23 位于宾阳南洞与宾阳中洞之间的伊阙佛龛之碑（路伟供图）

四、隋唐龙威

公元604年冬，一位真龙天子站在北邙山上向南眺望，只见远处地平线上两山对峙，伊水中流，禁不住言道：“此非龙门耶，自古何不建都于此？”大臣苏威回答：“自古非不知，以俟陛下。”皇帝大悦，规模宏大的隋东都洛阳城营建工程由此拉开帷幕，该城的中轴线直对龙门（图15-24）。公元606年春，都城完工，皇帝从龙门向北进入城中，其中寓意不言自明。这位天子即为隋炀帝杨广。他不仅在洛阳大兴土木，还由此出发，三下江都。其所乘船只，雕刻以龙纹，名曰“龙舟”（图15-25），高四十五尺，阔五十尺，长二百尺，豪华至极。

洛阳所见隋代龙的形象，铸于铜镜之上，造型生动朴拙（图15-26）。

唐高宗时期，在龙门石窟开凿奉先寺大卢舍那像龛（图15-27），并于佛座南侧刻有造像记，“龙门山之阳”五个大字清晰可见（图15-28）。

唐代武则天执政之时，在神都洛阳建有明堂、天枢，多雕刻有龙纹，与前代不同。公元688年，武则天建明堂（图15-29），有三层，上层为圆盖，九龙捧之。上施铁凤，高一丈，饰以黄金。公元694年，武氏又铸

图15-24 洛阳龙门双阙

图15-25 隋炀帝龙舟想像图（《中国古船图谱》，第92页，图78，引自清刻明万历本《帝鉴图说》）

图15-26 洛阳庞家沟隋代四神十二生肖镜拓本（《洛阳出土铜镜》，图69）

图15-27 龙门石窟唐代奉先寺大卢舍那像龛

图15-28 唐代奉先寺大卢舍那像龛佛座南侧造像记拓本（路伟供图）

天枢于端门之外，高一百零五尺，下为铁山，以铜为蟠龙、麒麟萦绕之；上为腾云承露铜盘，四龙立持火珠（图15-30）。明堂顶为铁凤，下为九龙，这不禁让人想起清代有关慈禧太后“凤在上、龙在下”的传说故事，历史竟然有如此惊人相似的一幕。

唐代龙的题材，皇家用，民间也用。在洛阳唐宫城遗址中，发掘出的龙尾道，自上望下，宛如龙尾低垂。宫城遗址发现一件残龙首石刻（图15-31），上阳宫遗址出土石螭首（图15-32），其雕刻栩栩如生。日常生活用具亦见龙纹装饰，如四神镜（图15-33）、盘龙镜（图15-34）、三彩龙首杯、白釉或黄釉双龙尊等。特别是一件白釉双龙尊，造型典雅的瓶口两侧各有一龙，口衔瓶口。更为绝妙的是，在龙首之上各蹲立一小鸟（图15-35），构思奇特大胆、别出新意。一只小小鸟，竟敢站在至尊至上的龙头上作威作福，如果是在明清，此尊设计者定会有灭顶之灾，由此可见文明、开放的大唐所独有的非凡气度和包容精神。

在龙门石窟中有一石刻，据传为五代时期陈抟老祖书法刻石：“开张

图15-29 复原重建的唐代明堂与天堂

图15-30 复原重建于洛阳博物馆门前的天枢

天岸马，奇异人中龙。”清代康有为也曾书此联，观其书风，与龙门石刻相似。上下联中“马”“龙”对仗，含义至深。

五、宋明龙姿

公元927年，一位龙子在洛阳夹马营降生，谁能料到33年之后，陈

图15-31 隋唐洛阳宫城遗址出土残龙首石刻

图15-32 隋唐洛阳城上阳宫遗址出土石螭首

图15-33-1 洛阳博物馆藏唐代四神镜（洛阳市文物考古研究院供图）

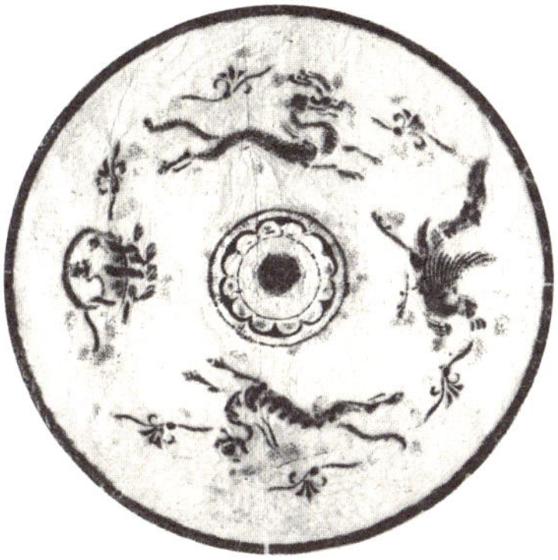

图15-33-2 洛阳博物馆藏唐代四神镜拓本（洛阳市文物考古研究院供图）

图15-34 洛阳北窑村唐代盘龙镜拓本（洛阳市文物考古研究院供图）

图15-35 1987年洛阳出土唐代白瓷双龙尊（《河洛文明展》，第411页）

图15-36　隋唐洛阳东城北宋衙署庭园遗址出土陶质龙形脊饰

图15-37　洛阳市文物考古研究院在洛阳嵩县征集宋代双龙衔尾镜

桥兵变、黄袍加身、建立大宋王朝者会是此公——赵匡胤。他一直想将都城从汴京迁至洛阳，遭到大臣的强烈反对，他便把陵墓修筑在河洛地区，这就有了巩县的“七帝八陵”，其中有关龙的形象，不胜枚举。1992年，隋唐洛阳东城北宋衙署庭院遗址出土一件陶质龙形脊饰，将龙首塑造得具体而生动（图15-36）。在洛阳地区发现的宋金时期铜镜上，仍能看到龙纹的雄姿（图15-37）。

元明清之际，龙纹亦多。洛阳出土元代白釉瓷罐上绘以高飞于天的黑龙一条，精气神十足。综观洛阳明清古建筑上的神龙，且不说府文庙大殿前二龙戏珠的石刻阶陛，也不说山陕会馆富丽堂皇的双龙琉璃照壁（图15-38），只是在关林庙一处，就能寻觅到上百条造型各异、变化无穷、不同质地的龙形艺术佳作。就质地而言，有石刻、木雕、砖雕、建筑彩画等。有人工雕刻的，也有自然天成的。据说关林龙有三奇：一奇是关林大殿月台西侧的龙首柏，龙首向下、俯瞰人间，龙角犀利，龙须飘扬，民间常有人携子来树下祈祷，一为望子成龙，二为长命百岁。二奇是二殿后门两侧各有一龙礅，为圆柱形石刻盘龙（图15-39）。据说北京门礅数量极多，最高等级为狮子礅，其次为麒麟礅，从未见过龙礅。而洛阳关林有之，且放于殿后，并非门前，实为门礅家族中的一大稀罕事，让人百思不得其解。笔者最终悟出，关林乃武圣人之陵寝，用龙礅名正言顺，俗人岂敢与圣人比肩？三奇是关林二殿、三殿檐下斗拱均为木雕龙首，共计112个，群龙聚首，气度不凡，大有“群龙云集朝武圣”之势。

图15-38　洛阳清代山陕会馆双龙琉璃照壁（《古都洛阳》，第210页）

图15-39　洛阳关林庙二殿后门明代盘龙石墩（《中国关林》，第51页）

六、龙之精神

这是一次河洛神龙的巡礼，窥一鳞而知全龙，可见洛阳古代龙纹时代蝉联，种类丰富，千姿百态，这与洛阳古文化积淀深厚、自古为帝王之宅有密切联系。从古至今，人们对龙的情感始终如一、痴心不改，就是因为龙是中华民族精神的体现。在洛阳古代文物世界里，龙无处不在，随形就势，或高飞于天，或俯首为礅。龙的形象是世间各种动物的集合体，集众家之长，成一龙之形，体现出兼容并蓄、包容和合的精神，即老子《道德经》所云："万物负阴而抱阳，冲气以为和。"

附记：值得一提的是，在拙文发表之后的2002年春，考古学者在洛阳偃师二里头遗址一座墓葬中发掘出一件绿松石龙形器，其精美程度令人感叹，现于北京中国考古博物馆展出（图15-40、图15-41、图15-42），特此补记。

图15-40 洛阳偃师二里头遗址出土绿松石龙形器

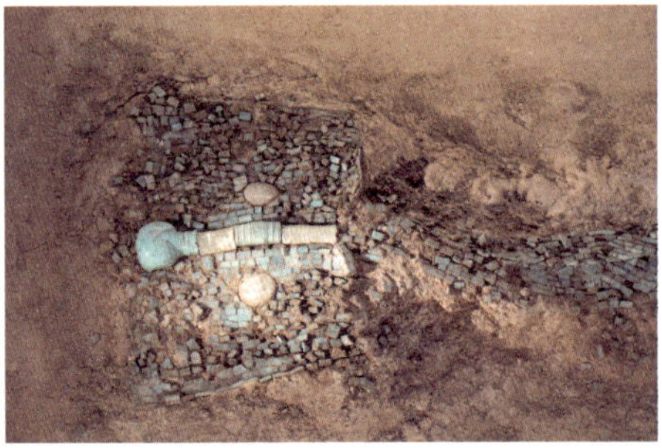

图15-41 二里头遗址出土绿松石龙形器头部特写之一

图15-42 二里头遗址出土绿松石龙形器头部特写之二

后记

虽然我是属马的，却对所经历的每一个龙年印象深刻。

1976年，这是我面对的第一个龙年。国家发生了一些大事，令每一位中国人记忆犹新。

1988年夏，我大学毕业。找工作的过程可谓艰难曲折，富有戏剧性的结果却是最终如愿以偿地进入洛阳市文物工作队田野发掘股工作，让我至今感慨良多。

2000年是千禧年。为了迎接龙年春节，我在《洛阳日报·星期天刊》头版发表了一整版文章，主要是写洛阳地区出土与龙纹相关文物的内容。现在也想不明白，当时哪来的一股激情。2024年2月23日下午，当时的责任编辑、后任《洛阳晚报》执行副总编的孙梅芳女士通过微信发送来刊有拙文报纸的照片（图16-1），令我百感交集、恍然如梦。24年前的一段美好时光，竟然如此迅速地褪去，仅留存于报纸之上。

2012年上半年，作为一名中国国家博物馆的学者，我远渡重洋，赴美国宾夕法尼亚大学访学。龙年的大年初一，我走在冷冷清清的美国费城街道上，把女儿送到学校上学，感受不到一点节日气氛。在此之后，我撰写了一系列宾夕法尼亚大学博物馆藏中国文物的文章，发表在《文史知识》《中国国家博物馆馆刊》。

2024年春节之前，我和国博的同事们共同策划、举办了一次“寻龙博物——文物里的中华龙鉴赏”线上培训课程。笔者以《飞龙在天：中国铜镜史上龙纹形象的三次转变》为题（图16-2），讲了第一课，听课人数累计达到9000余人次。同年1月19日，中国财政经济出版社编辑潘飞博士通过我的国博同事樊祎雯介绍，与我联系出书事宜，希望我能在这个课程讲义的基础上出版一本与龙相关文物的小书。经过多次讨论与篇目的设计、打磨，最终形成了大家现在看到的模样。书中图片凡未注明资料来源者，均为笔者拍摄，特此说明。

本书部分曾作为讲授课程、学术讲座内容，有的已经整理发表。卷一《飞龙》收录五篇文章。《飞龙在天：中国铜镜史上龙纹形象的三次转变》，是2024年1月22日作为中国国家博物馆“寻龙博物——文物里的中华龙鉴赏”线上培训班第一讲，并据录音文字稿内容压缩，进行较大篇幅的修改，形成了一篇文章。

《镜中之王：淄博西汉齐王墓器物坑龙纹大方镜品读》，是为了配合清华大学艺术博物馆举办的“禮运东方：山东古代文明精粹”展览，于2023年11月18日在该馆做学术讲座（图16-3），其文字稿经整理后收于本书中。

《楚天汉境：湖南出土战国两汉特种工艺镜品鉴》，是在湖南博物院举办“方圆之境：湖南博物院藏铜镜展”期间，于2023年6月3日赴该馆做专题讲座的基础上成文。

《汉镜上的“中国”铭文》，是在深圳博物馆举办的“观·映：汉代铜镜的图像与铭文”展览结束之前，于2022年12月29日做线上讲座，讲座文字稿在《光明日报》2023年1月28日第10版“光明讲坛”栏目刊发

（图16-4）。

《考古学视野下的铜镜鉴赏》，是在清华大学艺术博物馆举办的“万物毕照：中国古代铜镜文化与艺术”展览期间，于2021年5月21日在该馆做讲座（图16-5），文字内容发表于《光明日报》2021年6月19日第8版“光明讲坛”栏目（图16-6）。

卷二为《跃龙》。《跃龙在渊：中国国家博物馆藏铜镜上的龙纹品鉴》作为“青铜文明之光——中国国家博物馆青铜器鉴赏（第二期）”第一讲，于2024年3月25日在线讲授该课程内容。

《中国国家博物馆“镜里千秋”展览中的铜镜考古发掘品》《铜镜文化的魅力》，两文均是为了配合国博“镜里千秋：中国古代铜镜文化”展览开幕，应编辑约稿而作，分别发表于《文物天地》2021年第4期、《人民日报》2021年3月20日第5版“文化遗产”栏目。

《国博龙镜撷英》，原本是2020年笔者为《中国国家博物馆馆藏文物研究丛书·铜镜卷》撰写的部分文物条目，后该卷收录笔者撰写条目22条，今系统梳理了国博部分馆藏龙纹镜资料，公之于众。

卷三为《见龙》。《见龙在田：洛阳出土铜镜上的龙纹纵览》一文，源于我为《洛镜铜华：洛阳铜镜发现与研究》上、下编所写的导语，再加上对洛阳出土历代龙纹镜资料的梳理，逐步完善而成。

《镜铭华章》是我撰写的书评，文章原名为《镜铭华章——读〈汉镜铭文汇释〉》，刊发于《光明日报》2023年4月3日第15版“光明悦读”栏目。

《镜子是凝固的历史》是一篇拙作导读，原标题为《镜子是凝固的历史——〈鉴若长河〉的细节导读》，发表于《光明日报》2018年2月28日第16版。

《龙腾河洛》一文，首发以《龙腾河洛八千载　一鳞一甲亦生风》为题目，刊登于《洛阳日报·星期天刊》2000年2月4日头版。

“把时间铸成铅字”，这是我年轻时给自己设定的一个学术目标。现在看来，这个目标基本达到了。在这个集子中，收录最早的一篇作文发表于2000年，最晚的是2024年春节期间撰写，历时24年。在悄无声息的岁月磨砺中，我已经从毛头小伙子变为满头华发的中年大叔，不由得想起东晋陶渊明的诗句：“盛年不重来，一日难再晨。及时当勉励，岁月不待人。”

本书出版得到诸多学界同道相助。书中收录的部分内容源于配合一些博物馆举办铜镜展览所做的学术讲座，先后得到清华大学艺术博物馆常务副馆长杜鹏飞、策展人谈晟广，湖南博物院策展人吴小燕、周雪涵，深圳博物馆策展人罗晶晶、陈坤的大力支持。《汉镜上的“中国”铭文》《考古学视野下的铜镜鉴赏》两篇，均发表于《光明日报·光明讲坛》，该报“光明讲坛”栏目编辑史楠先生整理、修改、编辑讲座录音文字稿的艰辛，一般读者难以体会。《飞龙在天》《跃龙在渊》《见龙在田》《唐朝的月亮》四篇，曾经在“澎湃新闻”推出，责任编辑钟源先生不遗余力，润色拙文。《洛阳晚报》执行副总编孙梅芳女士不辞劳苦找到当年发表拙文的报纸，并录入电脑、转换成电子版文档。洛阳博物馆展览研究部黄超主任提供多幅铜镜图片。国博领导、老师和同事们给予大力支持。孔祥星老师时常询问此书的出版进度，我的同事孙凤群为本书的装帧设计付出大量心血，范立在“镜里千秋”展厅内拍摄了一大批高清图片，肖灵轩帮忙将多场讲座、课程录音转换成文字稿，樊祎雯为出书牵线搭桥、出谋划策，朱万章先生、苏强、赵玉亮惠赐多幅图片，晏小飞、张晓磊阅读了部分内容，赵阳特意为本书三卷篇章页分别设计并篆刻“飞龙”“跃龙”“见龙”三方石印……他们的帮助为拙作增色许多。本书责任编辑孙琛女士及策划

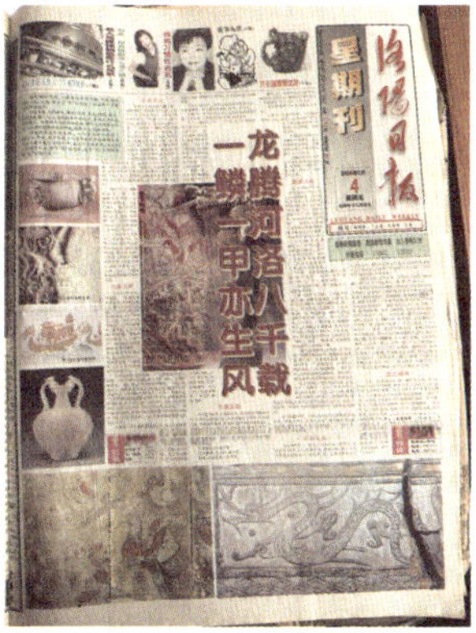

图16-1 《洛阳日报·星期天刊》2000年2月4日头版（孙梅芳供图）

图16-2 “寻龙博物：文物里的中华龙鉴赏”国博线上培训班海报（国博供图）

图16-3 《镜中之王：淄博西汉齐王墓器物坑龙纹大方镜品读》讲座海报（谈晟广供图）

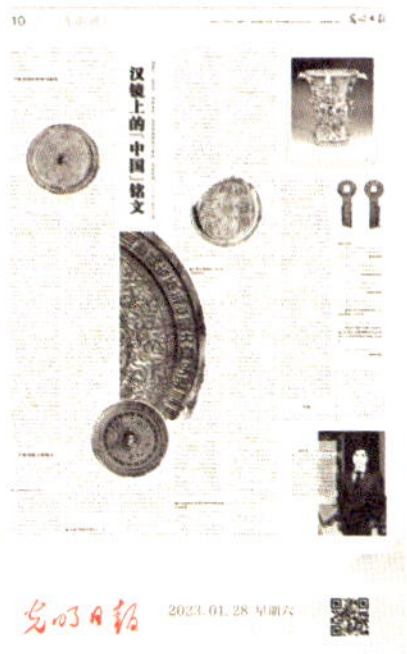

图16-4 《光明日报》2023年1月28日第10版（史楠供图）

图16-5 《考古学视野下的铜镜鉴赏与研究》讲座海报（谈晟广供图）

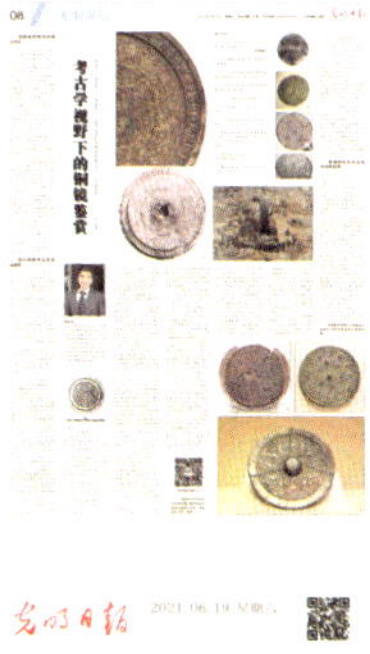

图16-6 《光明日报》2021年6月19日第8版（史楠供图）

编辑、复审潘飞先生，为及时出版拙作、保证本书质量，咬文嚼字，勤勉严谨。我的家人们为我出版小书，助力加油。对于以上诸位，表示衷心感谢。

本书出版还要特别感谢中国财政经济出版社副总编辑高进水先生，尤其是他在本书立项、终审、申请国家级项目资助等过程中表现出来的眼力和魄力，让本书如“龙”添翼。

2024年是我所经历的第五个龙年，在此讲述了一些我与龙年的故事。希望通过编撰这样一本小书，来记录一下自己的成长足迹，对我的学术之路做一个阶段性总结。如果要说到“龙马精神”的话，《易》中所云可谓是恰如其分：天行健，君子以自强不息；地势坤，君子以厚德载物。

霍宏伟

甲辰年二月二龙头节于北京紫竹桥南侧京洛堂